|중급|

친절한 한국어 3

FRIENDLY KOREAN

부산대학교 언어교육원 지음
The Language Education Institute of the Pusan National University

PNU Press

Friendly Korean 3 (3rd edition)

The Language Education Institute of the Pusan National University
Telephone : +82-51-510-1984
Fax : +82-51-514-3944
E-mail : foreign@pusan.ac.kr
http://international.pusan.ac.kr

Published by PNU press Publishing Co.
2, Busandaehak-ro 63 beon-gil(Jangjeon-dong), Geumjeong-gu, Busan 46241, Korea
Telephone : +82-51-510-1932
Fax : +82-51-512-7812
E-mail : pnupress@hanmail.net
http://press.pusan.ac.kr

3rd edition published 2019
Printed in Korea

ISBN : 978-89-7316-620-6 14710
ISBN : 978-89-7316-600-8 SET

Contents

목차

친절한 한국어 3

책을 펴내면서

1960년대부터 시작된 외국어로서의 한국어 교육은 학습 목적에 맞는 다양한 교재의 개발과 체계적인 한국어 교수법의 연구 등 내실 있는 발전을 위한 노력이 계속되고 있다. 이후 계속된 연구를 통해 현재는 외국어 학습의 목적이 이해에서 그치는 것이 아닌 기능을 중심으로 한 사용으로 확대되어야 한다는 인식이 자리를 잡아가고 있다.

〈친절한 한국어〉는 이러한 한국어 교육의 흐름에 부합하고자 2007년 초급 교재의 개발에 착수한 이래 몇 번의 개정을 거쳐 이번에 전면 개편에 이르게 되었다. 국내외 한국어 교육 환경의 변화나 학습자 성향, 학습 목적 등의 변인이 생기면서 그에 맞는 전면 개편의 필요성이 대두했기 때문이다.

〈친절한 한국어〉는 듣기, 읽기, 말하기, 쓰기의 통합 교재로 주제나 기능 면에서 초급에서 중·고급까지 연계되도록 구성되었다. 각 급에서 필요한 언어적 기능 및 통합 교재로서의 기능을 수행하도록 하면서 특히 말하기 능력을 강화할 수 있도록 구성하였다. 이를 위해 문법 인지를 위한 지문을 모두 상황과 맥락이 있는 대화문으로 구성하고 문법 내용 인지와 간단한 연습 후 〈말해 봅시다〉를 통해 문법을 내재화할 수 있는 활동으로 구성하였다.

듣기나 읽기도 다양한 주제와 상황을 가미하여 실생활에서 활용할 수 있도록 하였고 후 활동으로 말하기 활동을 연계하도록 구성하였다. 급수에 따라 개인적인 주제와 사회적인 주제의 비율을 적절히 조정하였고 주제에 맞게 뉴스나 책, 방송 매체 등 다양한 매체를 활용하였다. 또한 듣기나 읽기에서 충분히 다룬 주제를 쓰기로 연계하면서 필요에 따라 글의 종류에 맞게 구성하는 글쓰기 방법도 제시하였다.

중급부터는 〈속담〉, 〈관용어와 의태어〉 등의 문화 항목을 추가하여 한국어와 더불어 한국의 문화를 이해할 수 있도록 구성하였고 내용에 맞는 삽화를 추가하여 한국어 및 한국 문화 학습에 재미를 더하였다. 이러한 항목들을 통해 한국어뿐만 아니라 한국에 대한 깊이 있는 이해와 한국 문화에 대한 소양도 갖출 수 있도록 하였다.

이번 〈친절한 한국어〉 개편은 많은 분들의 노고와 정성이 있었기에 가능한 일이었다. 연일 사상 최대라는 무더위에 휴일도 반납하고 집필에 힘을 쏟아 주신 교재개발팀 선생님들과 꼼꼼하게 검수해 주신 언어교육원 선생님들, 그리고 책이 발간되기까지 아낌없이 지원해 주신 행정실 직원분들, 그 밖에 출판부 담당자분들을 비롯한 많은 분들에게 감사의 말씀을 전하고 싶다.

아울러 많은 이들의 땀과 정성의 결실인 〈친절한 한국어〉가 한국어와 한국 문화를 배우려는 국내외의 많은 외국인 학습자들의 한국어 학습에 큰 도움이 되기를 바란다.

2019년 5월
부산대학교 언어교육원
원장 강남현

친절한 한국어 3 단원안내

• 단원표지

단원 제목 : 단원의 주제 및 문법을 노출하여 각 과의 학습 내용을 추측할 수 있도록 하였다.

삽화 : 학습자들의 흥미와 동기를 유발할 수 있도록 구성하여 단원의 내용을 알 수 있게 하였다.

학습 목표 : 문법 항목 및 각 영역의 소제목을 제시하여 각 단원에서 배워야 할 것이 무엇인지 분명히 알고 학습의 방향을 세울 수 있도록 하였다.

1과 졸업하고 무슨 일을 하고 싶어요?

학습목표

| **대화** 희망진로
| **읽고 말하기** 사원 모집
| **듣기** 신종 직업
| **읽기** 취업 정보
| **쓰기** 갖고 싶은 직업
| **문법과 표현1** (으)로
| **문법과 표현2** -거든요
| **속담**
등잔 밑이 어둡다

14 | 친절한 한국어 3급

• 대화

대화 지문 : 목표 문법과 어휘를 포함한 모범 대화문을 통해 학습 목표와 관련된 여러 의사소통 상황을 학습하도록 하였다.

이야기해 봅시다 : 〈대화〉에서와 유사한 상황이나 맥락을 제시하여 스스로 대화를 구성할 수 있도록 하였다.

그리고 각 영역마다 〈단어장〉을 제시하여 새로운 어휘를 학습할 수 있도록 하였다. 그리고 〈단어 색인〉을 제시하여 학습한 어휘를 쉽게 찾아 볼 수 있게 하였다. 학습 주제에 따라 반드시 필요한 어휘는 사용 빈도가 낮더라도 포함시켰다.

단어장
취업
-와/과 관련되다
우연히
지구온난화

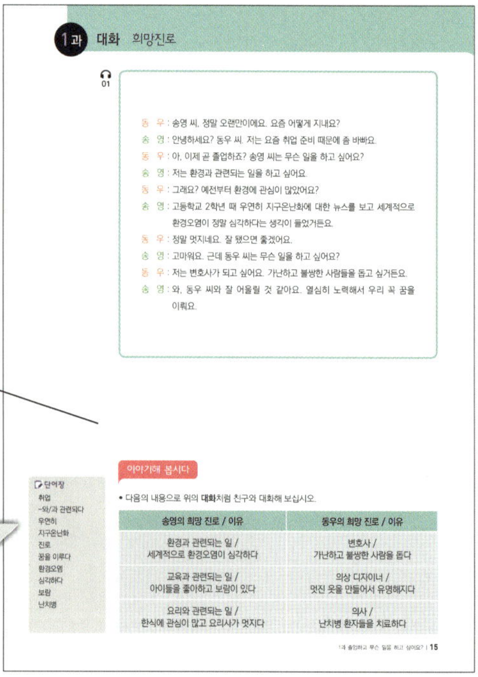

1과 대화 희망진로

01

동 우 : 송영 씨, 정말 오랜만이에요. 요즘 어떻게 지내요?
송 영 : 안녕하세요? 동우 씨. 저는 요즘 취업 준비 때문에 좀 바빠요.
동 우 : 아, 이제 곧 졸업하죠? 송영 씨는 무슨 일을 하고 싶어요?
송 영 : 저는 환경과 관련되는 일을 하고 싶어요.
동 우 : 그래요? 예전부터 환경에 관심이 많았어요?
송 영 : 고등학교 2학년 때 우연히 지구온난화에 대한 뉴스를 보고 세계적으로 환경오염이 정말 심각하다는 생각이 들었거든요.
동 우 : 정말 멋지네요. 잘 됐으면 좋겠어요.
송 영 : 고마워요. 근데 동우 씨는 무슨 일을 하고 싶어요?
동 우 : 저는 변호사가 되고 싶어요. 가난하고 불쌍한 사람들을 돕고 싶거든요.
송 영 : 와, 동우 씨와 잘 어울릴 것 같아요. 열심히 노력해서 우리 꼭 꿈을 이뤄요.

이야기해 봅시다

• 다음의 내용으로 위의 **대화**처럼 친구와 대화해 보십시오.

송영의 희망 진로 / 이유	동우의 희망 진로 / 이유
환경과 관련되는 일 / 세계적으로 환경오염이 심각하다	변호사 / 가난하고 불쌍한 사람을 돕다
교육과 관련되는 일 / 아이들을 좋아하고 보람이 있다	의상 디자이너 / 멋진 옷을 만들어서 유명해지다
요리와 관련되는 일 / 한식에 관심이 많고 요리사가 멋지다	의사 / 난치병 환자들을 치료하다

단어장
취업
-와/과 관련되다
우연히
지구온난화
진로
꿈을 이루다
환경오염
심각하다
보람
난치병

1과 졸업하고 무슨 일을 하고 싶어요? | 15

• 문법과 표현

문법 설명 : 문법을 학습하기 전에 학습자가 문법의 쓰임과 의미를 이해할 수 있도록 간단히 제시하였다.

예문 : 실제 상황을 반영한 예문을 통해 목표 문법이 언제, 어떻게 사용되는지를 알 수 있게 하였다.

연습 : 대화형 연습 문제를 통해 문법의 활용도를 높여 학습자가 이해했는지를 확인할 수 있도록 하였다.

말해 봅시다 : 제시된 대화 틀을 활용하여 대화를 구성하거나 목표 문법을 사용하여 주제에 맞는 질문과 대답을 할 수 있게 하였다. 이러한 활동을 통해 단순 교체 연습에 끝나지 않고 스스로 대화문을 구성하면서 담화에 대한 이해력을 기를 수 있다.

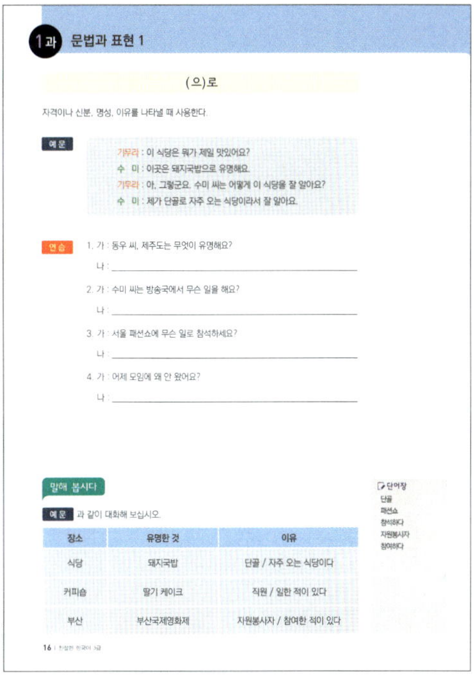
1과 문법과 표현 1

(으)로

자격이나 신분, 명성, 이유를 나타낼 때 사용한다.

예문
기무라 : 이 식당은 뭐가 제일 맛있어요?
수 미 : 이곳은 돼지국밥으로 유명해요.
기무라 : 아, 그렇군요. 수미 씨는 어떻게 이 식당을 잘 알아요?
수 미 : 제가 단골로 자주 오는 식당이라서 잘 알아요.

연습
1. 가 : 동우 씨, 제주도는 무엇이 유명해요?
나 : ______
2. 가 : 수미 씨는 방송국에서 무슨 일을 해요?
나 : ______
3. 가 : 서울 패션쇼에 무슨 일로 참석하세요?
나 : ______
4. 가 : 어제 모임에 왜 안 왔어요?
나 : ______

말해 봅시다

예문 과 같이 대화해 보십시오.

장소	유명한 것	이유
식당	돼지국밥	단골 / 자주 오는 식당이다
커피숍	딸기 케이크	직원 / 일한 적이 있다
부산	부산국제영화제	자원봉사자 / 참여한 적이 있다

단어장
단골
패션쇼
참석하다
자원봉사자
참여하다

16 | 친절한 한국어 3급

• 읽고 말하기

읽기 지문 : 다양한 유형의 글을 읽기 자료로 제시하여 내용과 관련된 정보를 얻고 어휘나 표현을 확장할 수 있게 하였다.

이야기해 봅시다 : 학습자가 읽기 지문 내용을 바탕으로 자유롭게 자신의 생각을 이야기할 수 있도록 하였다.

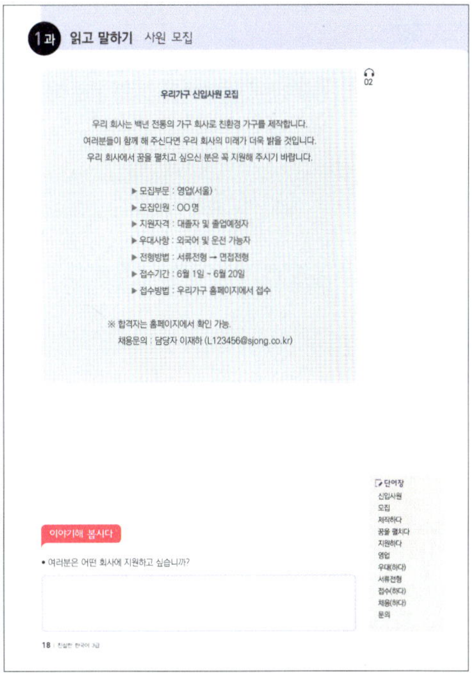
1과 읽고 말하기 사원 모집

02

우리가구 신입사원 모집

우리 회사는 백년 전통의 가구 회사로 친환경 가구를 제작합니다.
여러분들이 함께 해 주신다면 우리 회사의 미래가 더욱 밝을 것입니다.
우리 회사에서 꿈을 펼치고 싶으신 분은 꼭 지원해 주시기 바랍니다.

▶ 모집부문 : 영업(서울)
▶ 모집인원 : OO 명
▶ 지원자격 : 대졸자 및 졸업예정자
▶ 우대사항 : 외국어 및 운전 가능자
▶ 전형방법 : 서류전형 → 면접전형
▶ 접수기간 : 6월 1일 ~ 6월 20일
▶ 접수방법 : 우리가구 홈페이지에서 접수

※ 합격자는 홈페이지에서 확인 가능.
채용문의 : 담당자 이재하 (L123456@sjong.co.kr)

이야기해 봅시다

• 여러분은 어떤 회사에 지원하고 싶습니까?

단어장
신입사원
모집
제작하다
꿈을 펼치다
지원하다
영업
우대(하다)
서류전형
접수(하다)
채용(하다)
문의

18 | 친절한 한국어 3급

• 듣기

삽화 및 사진 : 듣기 전 단계로 주제와 관련된 정보를 이야기하면서 들을 내용을 예측하고 주제에 대한 배경 지식을 활성화할 수 있게 하였다.

듣기 문제 : 듣기 단계에서 들은 내용을 이해하였는지 확인하는 문제를 제시하였다.

이야기해 봅시다 : 들은 후 단계로 들은 내용과 관련된 주제에 대해 자신의 경험이나 생각을 자유롭게 이야기해 보도록 하였다.

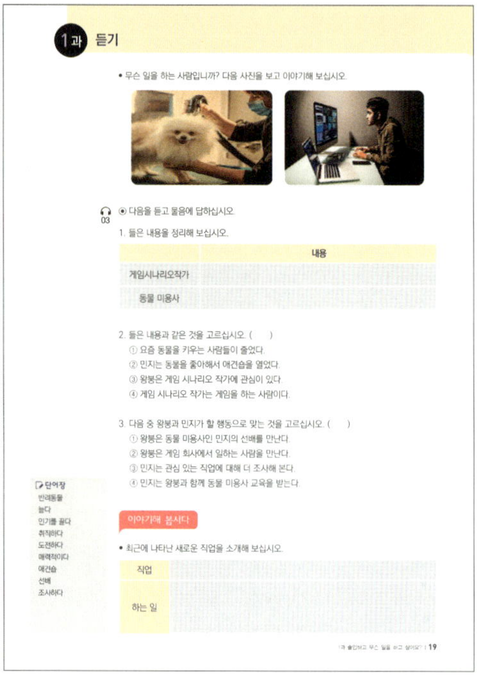
1과 듣기

• 무슨 일을 하는 사람입니까? 다음 사진을 보고 이야기해 보십시오.

03 ● 다음을 듣고 물음에 답하십시오.

1. 들은 내용을 정리해 보십시오.

	내용
게임시나리오작가	
동물 미용사	

2. 들은 내용과 같은 것을 고르십시오. ( )
① 요즘 동물을 키우는 사람들이 줄었다.
② 민지는 동물을 좋아해서 애견숍을 열었다.
③ 왕붕은 게임 시나리오 작가에 관심이 있다.
④ 게임 시나리오 작가는 게임을 하는 사람이다.

3. 다음 중 왕붕과 민지가 할 행동으로 맞는 것을 고르십시오. ( )
① 왕붕은 동물 미용사인 민지의 선배를 만난다.
② 왕붕은 게임 회사에서 일하는 사람을 만난다.
③ 민지는 관심 있는 직업에 대해 더 조사해 본다.
④ 민지는 왕붕과 함께 동물 미용사 교육을 받는다.

단어장
반려동물
늘다
인기를 끌다
취직하다
도전하다
매력적이다
애견숍
선배
조사하다

이야기해 봅시다

• 최근에 나타난 새로운 직업을 소개해 보십시오.

직업	
하는 일	

1과 졸업하고 무슨 일을 하고 싶어요? | 19

• 읽기

삽화 및 사진 : 읽기 전 단계로 주제와 관련된 정보를 이야기하면서 읽을 내용을 예측하고 주제에 대한 배경 지식을 활성화할 수 있게 하였다.

읽기 지문 : 다양한 유형의 글을 읽기 자료로 제시하여 내용과 관련된 정보를 얻고 어휘나 표현을 확장할 수 있게 하였다.

읽기 문제 : 읽은 내용을 문단별로 정리한 후 내용을 이해하였는지 확인하는 문제를 제시하였다.

이야기해 봅시다 : 읽은 후 단계로 읽은 내용과 관련된 주제에 대해 자신의 경험이나 생각을 자유롭게 이야기해 보도록 하였다.

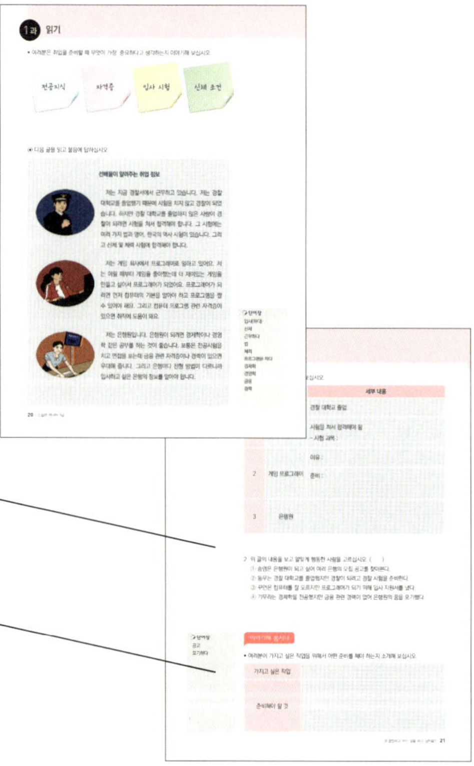
1과 읽기

선배들이 알려주는 취업 정보

이야기해 봅시다

• 쓰기

개요 쓰기 : 각 단원과 관련된 주제를 선정하였다. 글을 쓰기 전에 개요를 작성하여 글쓰기를 준비할 수 있게 하였다.

쓰기 길잡이 : 글의 주제나 글의 종류에 따라 자주 사용하는 표현이나 문형을 제시하여 쓰기 활동에 도움이 되도록 구성하였다.

원고지 쓰기 : 개요를 바탕으로 다양한 주제의 글을 써 보는 연습을 하게 하였다.

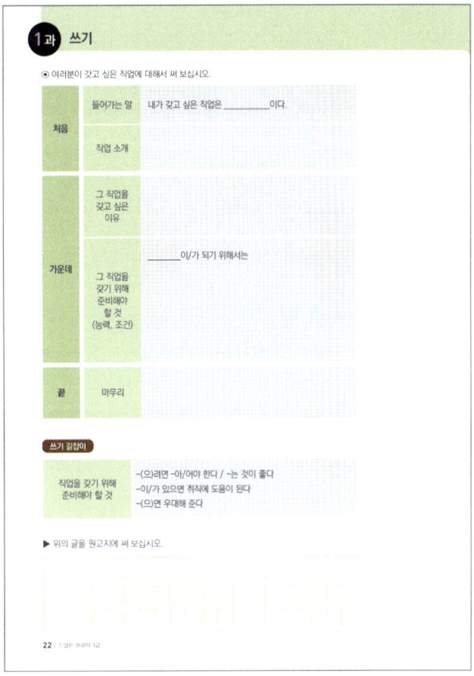

1과 쓰기

◉ 여러분이 갖고 싶은 직업에 대해서 써 보십시오.

처음	들어가는 말	내가 갖고 싶은 직업은 ______이다.
	직업 소개	
가운데	그 직업을 갖고 싶은 이유	
	그 직업을 갖기 위해 준비해야 할 것 (능력, 조건)	______이/가 되기 위해서는
끝	마무리	

쓰기 길잡이

직업을 갖기 위해 준비해야 할 것	-(으)려면 -아/어야 한다 / -는 것이 좋다 -이/가 있으면 취직에 도움이 된다 -(으)면 우대해 준다

▶ 위의 글을 원고지에 써 보십시오.

22

• 속담

속담 : 삽화로 해당 관용어의 의미를 쉽게 이해할 수 있도록 하였고 실제 상황에서 언제, 어떻게 사용되는지 대화를 통해 제시하였다.

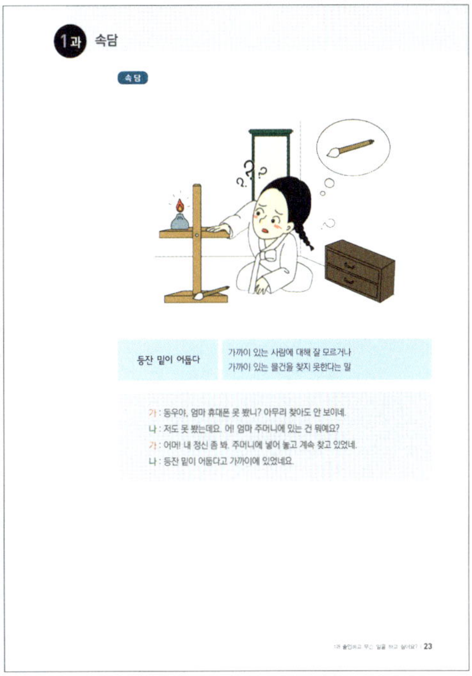

1과 속담

속담

등잔 밑이 어둡다	가까이 있는 사람에 대해 잘 모르거나 가까이 있는 물건을 찾지 못한다는 말

가 : 동우야, 엄마 휴대폰 못 봤니? 아무리 찾아도 안 보이네.
나 : 저도 못 봤는데요. 어! 엄마 주머니에 있는 건 뭐예요?
가 : 어머! 내 정신 좀 봐. 주머니에 넣어 놓고 계속 찾고 있었네.
나 : 등잔 밑이 어둡다고 가까이에 있었네요.

23

단원	제목	대화	문법과 표현	읽고 말하기
1	졸업하고 무슨 일을 하고 싶어요?	희망 진로	(으)로 -거든요	사원 모집
2	그 뉴스 들었어요?	소식 전하기	-기도 하고 -기도 하다 -(으)ㄹ 뿐만 아니라	세계 뉴스
3	가족의 형태는 다양해요.	가족 관계	-(으)ㄹ 리가 없다 -는데요	이민자의 문화
4	마치 동굴 같아요.	주거 생활	-는지 알다 / 모르다 -기는 하지만	다양한 집의 형태
5	젓가락 사용법을 배우느라고 힘들었어요.	한국의 식사 예절	-(으)ㄹ 수도 있다 -느라고	여러 나라의 예절
6	비빔밥 만들어 봤어요?	좋아하는 한국 음식	사동	지역별 음식의 특징
7	SNS에 푹 빠졌다면서요?	도서 대출	-아/어야지요 -다면서요?	전자책
8	빨리 나아야 할 텐데.	걱정과 위로	-아/어야 할 텐데 피동	향수병
9	내일의 날씨를 말씀드리겠습니다.	여행 취소	-았/었던 (으)로 인해(서)	날씨에 따른 생활 지수
10	기억에 남는 여행을 하고 싶어요.	여행 계획	-(으)ㄹ 텐데 -아/어도	테마 여행
11	도움이 필요할 때 연락하세요.	도난 신고	-는 대신(에) -(으)ㄹ수록	긴급신고전화
12	커피를 마시고 나면 찌꺼기를 활용하세요!	생활의 지혜	-고 나면 -(으)ㄹ까 봐	백화점 이용 팁
13	환불하고 싶어요.	환불	-더라고요 -다 보니(까)	소비자피해보상규정
14	같이 가입하는 게 어때요?	프로그램에 대해 문의하기	-(으)ㄹ 정도 -도록	동아리 가입하기
15	한국 사람들의 생각이 궁금해요.	연극 공연	-고 말다 -(으)ㄹ걸	한국의 속담

듣기	읽기	쓰기	속담
신종 직업	취업 정보	갖고 싶은 직업	등잔 밑이 어둡다
택배 기사의 미담	폭설 사고	신문 기사	세 살 버릇 여든까지 간다
집안일	다양한 가족의 형태	1인 가구	말 한 마디에 천 냥 빚 갚는다
집 이사	한옥의 특징	전통적인 집	발 없는 말이 천리 간다
눈인사	공공장소에서의 예절	공공장소에서의 예절	콩 심은 데 콩 나고 팥 심은 데 팥 난다
한국요리경연대회	한국의 특산품	각 나라의 특산품	짚신도 짝이 있다
SNS 친구	1인 미디어	SNS 친구	낮말은 새가 듣고 밤말은 쥐가 듣는다
이성 문제	강영우 박사	시련을 극복한 인물	종로에서 뺨 맞고 한강 가서 눈 흘긴다
일기 예보	계절별 건강관리	계절별 건강관리	원숭이도 나무에서 떨어질 때가 있다
오지 탐험	제주도 여행기	여행 후기	호랑이도 제 말하면 온다
달빛어린이병원	경찰관들의 아름다운 이야기	미담	가는 말이 고와야 오는 말이 곱다
알뜰 데이트	재사용 방법	생활의 지혜	돌다리도 두드려 보고 건넌다
제품 문의	똑똑한 소비자가 되는 방법	인터넷쇼핑의 환불 현황과 원인	윗물이 맑아야 아랫물이 맑다
체육관 문의	추천 동호회	만들고 싶은 동호회	믿는 도끼에 발등 찍힌다
한국 사람들의 생각	효성스런 호랑이	연극 대본	서당 개 삼 년이면 풍월을 읊는다

민 지
한국 / 대학생

동 우
한국 / 대학생

왕 붕
중국 / 대학생

송 영
중국 / 대학생

소피아
가나 / 대학생

꾸 언
베트남 / 대학생

제임스
캐나다 / 회사원

안 나
러시아 / 회사원

기무라
일본 / 대학원생

1과 졸업하고 무슨 일을 하고 싶어요?

학습목표

| **대화** 희망 진로
| **읽고 말하기** 사원 모집

| **듣기** 신종 직업
| **읽기** 취업 정보
| **쓰기** 갖고 싶은 직업

| **문법과 표현 1** (으)로
| **문법과 표현 2** -거든요

| **속담**
등잔 밑이 어둡다

1과 대화 희망 진로

01

동 우 : 송영 씨, 정말 오랜만이에요. 요즘 어떻게 지내요?

송 영 : 안녕하세요? 동우 씨. 저는 요즘 취업 준비 때문에 좀 바빠요.

동 우 : 아, 이제 곧 졸업하죠? 송영 씨는 무슨 일을 하고 싶어요?

송 영 : 저는 환경과 관련되는 일을 하고 싶어요.

동 우 : 그래요? 예전부터 환경에 관심이 많았어요?

송 영 : 고등학교 2학년 때 우연히 지구온난화에 대한 뉴스를 보고 세계적으로 환경오염이 정말 심각하다는 생각이 들었거든요.

동 우 : 정말 멋지네요. 잘 됐으면 좋겠어요.

송 영 : 고마워요. 근데 동우 씨는 무슨 일을 하고 싶어요?

동 우 : 저는 변호사가 되고 싶어요. 가난하고 불쌍한 사람들을 돕고 싶거든요.

송 영 : 와, 동우 씨와 잘 어울릴 것 같아요. 열심히 노력해서 우리 꼭 꿈을 이뤄요.

이야기해 봅시다

- 다음의 내용으로 위의 **대화**처럼 친구와 대화해 보십시오.

송영의 희망 진로 / 이유	동우의 희망 진로 / 이유
환경과 관련되는 일 / 세계적으로 환경오염이 심각하다	변호사 / 가난하고 불쌍한 사람을 돕다
교육과 관련되는 일 / 아이들을 좋아하고 보람이 있다	의상 디자이너 / 멋진 옷을 만들어서 유명해지다
요리와 관련되는 일 / 한식에 관심이 많고 요리사가 멋지다	의사 / 난치병 환자들을 치료하다

단어장
취업
관련되다
우연히
지구온난화
진로
꿈을 이루다
환경오염
심각하다
보람
난치병

(으)로

자격이나 신분, 명성, 이유를 나타낼 때 사용한다.

예 문

기무라 : 이 식당은 뭐가 제일 유명해요?
수　미 : 돼지국밥으로 유명해요.
기무라 : 아, 그렇군요. 수미 씨는 어떻게 이 식당을 잘 알아요?
수　미 : 제가 단골로 자주 오는 식당이라서 잘 알아요.

연 습

1. 가 : 동우 씨, 제주도는 무엇이 유명해요?
   나 : ______________________________
2. 가 : 수미 씨는 방송국에서 무슨 일을 해요?
   나 : ______________________________
3. 가 : 서울 패션쇼에 무슨 일로 참석하세요?
   나 : ______________________________
4. 가 : 어제 모임에 왜 안 왔어요?
   나 : ______________________________

말해 봅시다

예 문 과 같이 대화해 보십시오.

장소	유명한 것	이유
이 식당	돼지국밥	단골 / 자주 오는 식당이다
이 커피숍	딸기 케이크	직원 / 일한 적이 있다
부산	부산국제영화제	자원봉사자 / 참여한 적이 있다

단어장
단골
패션쇼
참석하다
자원봉사자
참여하다

-거든요

상대방이 모르는 내용이나 이유를 설명할 때 사용한다.

예문

왕 붕 : 주말에 남자친구와 데이트를 했어요?
송 영 : 아니요. 못 했어요. 주말에 집에만 있었거든요.
왕 붕 : 왜 집에만 있었어요?
송 영 : 감기에 걸려서 아팠거든요.

연습

1. 가 : 요즘 비가 너무 자주 오네요.
   나 : ______________________________
2. 가 : 엄마, 마트에 또 갔다오셨어요?
   나 : 응. ______________________________
3. 가 : 왜 이렇게 커피를 많이 마셔?
   나 : ______________________________
4. 가 : 시간이 있으면 나랑 같이 영화를 볼래?
   나 : 미안해. ______________________________

단어장
벌다

말해 봅시다

예문 과 같이 대화해 보십시오.

상황	이유
주말에 남자친구와 데이트를 했다	집에만 있다 / 감기에 걸려서 아프다
숙제를 다 했다	서울에 갔다오다 / 대학 면접 시험을 봐야 하다
방학 때 고향에 다녀왔다	아르바이트를 하다 / 학비를 벌어야 하다

02

우리가구 신입사원 모집

우리 회사는 백년 전통의 가구 회사로 친환경 가구를 제작합니다.
여러분들이 함께 해 주신다면 우리 회사의 미래가 더욱 밝을 것입니다.
우리 회사에서 꿈을 펼치고 싶으신 분은 꼭 지원해 주시기 바랍니다.

▶ 모집부문 : 영업(서울)
▶ 모집인원 : OO 명
▶ 지원자격 : 대졸자 및 졸업예정자
▶ 우대사항 : 외국어 및 운전 가능자
▶ 전형방법 : 서류전형 → 면접전형
▶ 접수기간 : 6월 1일 ~ 6월 20일
▶ 접수방법 : 우리가구 홈페이지에서 접수

※ 합격자는 홈페이지에서 확인 가능.
채용문의 : 담당자 이재하 (L123456@sjong.co.kr)

이야기해 봅시다

- 여러분은 어떤 회사에 지원하고 싶습니까?

단어장
신입사원
모집
제작하다
꿈을 펼치다
지원하다
영업
우대(하다)
서류전형
접수(하다)
채용(하다)
문의

1과 듣기

• 무슨 일을 하는 사람입니까? 다음 사진을 보고 이야기해 보십시오.

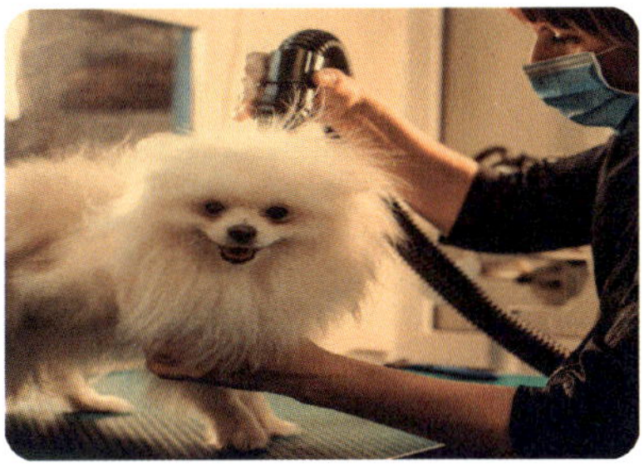

◉ 다음을 듣고 물음에 답하십시오.

03

1. 들은 내용을 정리해 보십시오.

	내용
게임시나리오 작가	
동물 미용사	

2. 들은 내용과 같은 것을 고르십시오. (　　)
   ① 요즘 동물을 키우는 사람들이 줄었다.
   ② 민지는 동물을 좋아해서 애견숍을 열었다.
   ③ 왕붕은 게임 시나리오 작가에 관심이 있다.
   ④ 게임 시나리오 작가는 게임을 하는 사람이다.

3. 다음 중 왕붕과 민지가 할 행동으로 맞는 것을 고르십시오. (　　)
   ① 왕붕은 동물 미용사인 민지의 선배를 만난다.
   ② 왕붕은 게임 회사에서 일하는 사람을 만난다.
   ③ 민지는 관심 있는 직업에 대해 더 조사해 본다.
   ④ 민지는 왕붕과 함께 동물 미용사 교육을 받는다.

단어장
반려동물
늘다
인기를 끌다
취직하다
도전하다
매력적이다
애견숍
선배
조사하다

이야기해 봅시다

• 최근에 나타난 새로운 직업을 소개해 보십시오.

직업	
하는 일	

1과 읽기

• 여러분은 취업을 준비할 때 무엇이 가장 중요하다고 생각하는지 이야기해 보십시오.

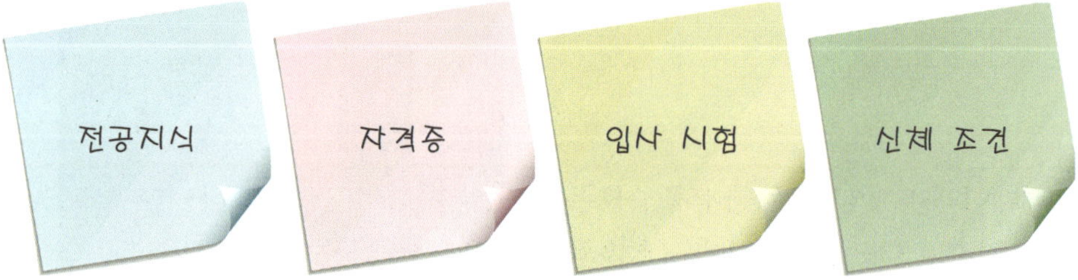

◉ 다음 글을 읽고 물음에 답하십시오.

선배들이 알려주는 취업 정보

저는 지금 경찰서에서 근무하고 있습니다. 저는 경찰 대학교를 졸업했기 때문에 시험을 치지 않고 경찰이 되었습니다. 하지만 경찰 대학교를 졸업하지 않은 사람이 경찰이 되려면 시험을 쳐서 합격해야 합니다. 그 시험에는 여러 가지 법과 영어, 한국의 역사 시험이 있습니다. 그리고 신체 및 체력 시험에 합격해야 합니다.

저는 게임 회사에서 프로그래머로 일하고 있어요. 저는 어릴 때부터 게임을 좋아했는데 더 재미있는 게임을 만들고 싶어서 프로그래머가 되었어요. 프로그래머가 되려면 먼저 컴퓨터의 기본을 알아야 하고 프로그램을 짤 수 있어야 해요. 그리고 컴퓨터 프로그램 관련 자격증이 있으면 취직에 도움이 돼요.

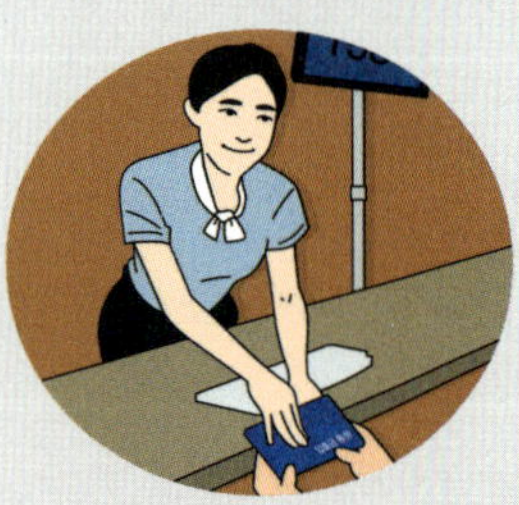

저는 은행원입니다. 은행원이 되려면 경제학이나 경영학 같은 공부를 하는 것이 좋습니다. 보통은 전공시험을 치고 면접을 보는데 금융 관련 자격증이나 경력이 있으면 우대해 줍니다. 그리고 은행마다 전형 방법이 다르니까 입사하고 싶은 은행의 정보를 알아야 합니다.

단어장

입사(하다)
신체
근무하다
법
체력
프로그램을 짜다
경제학
경영학
금융
경력

1. 각 문단의 내용을 정리해 보십시오.

문단	주요 내용	세부 내용
1	경찰	경찰 대학교 졸업
		시험을 쳐서 합격해야 함 - 시험 과목 :
2	게임 프로그래머	이유 :
		준비 :
3	은행원	

2. 위 글의 내용을 보고 알맞게 행동한 사람을 고르십시오. (　　)
   ① 송영은 은행원이 되고 싶어 여러 은행의 모집 공고를 찾아본다.
   ② 동우는 경찰 대학교를 졸업했지만 경찰이 되려고 경찰 시험을 준비한다.
   ③ 꾸언은 컴퓨터를 잘 모르지만 프로그래머가 되기 위해 입사 지원서를 냈다.
   ④ 기무라는 경제학을 전공했지만 금융 관련 경력이 없어 은행원의 꿈을 포기했다.

단어장
공고
포기하다

이야기해 봅시다

- 여러분이 가지고 싶은 직업을 위해서 어떤 준비를 해야 하는지 소개해 보십시오.

가지고 싶은 직업	
준비해야 할 것	

1과 쓰기

◉ 여러분이 갖고 싶은 직업에 대해서 써 보십시오.

처음	들어가는 말	내가 갖고 싶은 직업은 ___________이다.
	직업 소개	
가운데	그 직업을 갖고 싶은 이유	
	그 직업을 갖기 위해 준비해야 할 것 (능력, 조건)	________이/가 되기 위해서는
끝	마무리	

쓰기 길잡이

직업을 갖기 위해 준비해야 할 것	-(으)려면 -아/어야 한다 / -는 것이 좋다 -이/가 있으면 취직에 도움이 된다 -(으)면 우대해 준다

▶ 위의 글을 원고지에 써 보십시오.

속담

등잔 밑이 어둡다	가까이 있는 사람에 대해 잘 모르거나 가까이 있는 물건을 찾지 못한다는 말

가 : 동우야, 엄마 휴대폰 못 봤니? 아무리 찾아도 안 보이네.

나 : 저도 못 봤는데요. 어! 엄마 주머니에 있는 건 뭐예요?

가 : 어머! 내 정신 좀 봐. 주머니에 넣어 놓고 계속 찾고 있었네.

나 : 등잔 밑이 어둡다고 가까이에 있었네요.

2과 그 뉴스 들었어요?

학습목표

| **대화** 소식 전하기
| **읽고 말하기** 세계 뉴스

| **듣기** 택배 기사의 미담
| **읽기** 폭설 사고
| **쓰기** 신문 기사

| **문법과 표현 1** -기도 하고 -기도 하다
| **문법과 표현 2** -(으)ㄹ 뿐만 아니라

| **속담**
세 살 버릇 여든까지 간다

대화 소식 전하기

04

왕 붕 : 소피아 씨, 어디에 가는데 그렇게 예쁘게 꾸몄어요?
소피아 : 우리 오빠들 만나러 벡스코에 가요.
왕 붕 : 오빠들요? 소피아 씨 오빠들이 한국에 왔어요?
소피아 : 아니요. B-소년단 오빠들이 이번에 새 앨범을 냈거든요. 팬 사인회가 있어서 거기에 가는 길이에요.
왕 붕 : 아, 그 오빠들이었군요. 이번 앨범은 어때요?
소피아 : 당연히 이번 앨범도 엄청 좋지요. 이번 앨범은 우리 오빠들이 작사뿐만 아니라 작곡에도 참여했대요. 왕붕 씨도 꼭 들어보세요.
왕 붕 : 네. 그럴게요. 소피아 씨도 다녀와서 어땠는지 이야기해 주세요.
소피아 : 사인회장에 도착하자마자 SNS에 올릴게요. 벌써부터 너무 기대가 돼요.

단어장

꾸미다
팬 사인회
앨범
작사
작곡
시사회
뮤지컬
출연하다
역할
무대
연출하다

이야기해 봅시다

- 다음의 내용으로 위의 **대화**처럼 친구와 대화해 보십시오.

소식	내용
새 앨범을 내다 / 팬 사인회	작사 / 작곡에도 참여하다
새 영화를 찍다 / 시사회	연기 / 제작도 하다
새 뮤지컬에 출연하다 / 제작 발표회	주인공 역할 / 무대도 연출하다

2과 문법과 표현 1

–기도 하고 –기도 하다

두 가지가 모두 되거나 두 가지 중 하나를 할 때 사용한다.

예 문

민 지 : 학교 근처에 있는 커피숍에 가 봤어요?
꾸 언 : 아니요. 어때요?
민 지 : 분위기가 좋기도 하고 조용하기도 해요.
그곳에서 저는 친구들과 이야기를 나누기도 하고 공부하기도 해요.
꾸 언 : 그렇군요. 저도 가봐야겠네요.

연 습

1. 가 : 한국 생활이 어때요?
   나 : ______________________________
2. 가 : 우리 반 친구들은 어때요?
   나 : ______________________________
3. 가 : 친구를 기다릴 때 뭐 해요?
   나 : ______________________________
4. 가 : 고향이 그리울 때 어떻게 해요?
   나 : ______________________________

말해 봅시다

예 문 과 같이 대화해 보십시오.

장소	그곳의 상태	그곳에서 하는 것
커피숍	분위기가 좋다 / 조용하다	이야기를 나누다 / 공부하다
온천천	운동 시설이 많다 / 깨끗하다	자전거를 타다 / 산책하다
백화점	물건이 다양하다 / 가격이 저렴하다	쇼핑하다 / 식사하다

단어장
(이야기를) 나누다
시설
저렴하다

-(으)ㄹ 뿐만 아니라

두 가지 모두를 의미할 때 사용한다.

예문

왕 붕 : 민지 씨, 공포 영화 좋아해요?
민 지 : 네. 공포 영화뿐만 아니라 액션 영화도 좋아해요.
왕 붕 : 그렇군요.
민 지 : 그런 영화를 보면 스트레스가 풀릴 뿐만 아니라 기분도 좋아져요.
왕 붕 : 저도 공포 영화를 좋아해요. 공포 영화는 무서울 뿐만 아니라 재미도 있거든요.

연습

1. 가 : 서울에 가 봤어요?
   나 : 그럼요. ______________________________
2. 가 : 안나 씨 결혼했어요?
   나 : 몰랐어요? ______________________________
3. 가 : 이번에 입사한 신입사원이 참 친절하지요?
   나 : 맞아요. ______________________________
4. 가 : 경찰이 되려면 어떻게 해야 해요?
   나 : ______________________________

단어장

전신
무리가 없다

말해 봅시다

예문 과 같이 대화해 보십시오.

좋아하는 것	그것을 하면 좋은 점	그것의 특징
공포 영화 / 액션 영화	스트레스가 풀리다 / 기분이 좋아지다	무섭다 / 재미가 있다
삼계탕 / 감자탕	피로가 풀리다 / 몸이 따뜻해지다	맛있다 / 건강에 좋다
수영 / 야구	건강을 지킬 수 있다 / 새 친구를 사귈 수 있다	전신 운동이다 / 몸에 무리가 없다

05

하와이 화산 폭발

하와이에서 지난달 화산이 폭발했다. 특히 이번 폭발은 88일 동안 계속되어 하와이에 살고 있는 주민들 2,000여 명이 안전한 곳으로 대피해야 했다. 게다가 이번 폭발은 지진과 함께 일어나서 그곳에 살고 있는 주민뿐만 아니라 여행을 위해 방문한 관광객들에게도 큰 피해를 주었다.

태국 동굴 소년

태국의 한 소년 축구팀이 동굴에 갇히는 사고가 발생했다. 이 축구팀은 17세 이하의 청소년으로 운동을 마치고 동굴에 놀러 간 것이었다. 이 팀은 사라진 지 열흘 만에 발견됐으나 전원이 구조되는 데 일주일이 더 걸렸다. 태국 국민들은 축구팀의 구조 소식을 듣고 모두 기뻐했으며 해외에서도 축하 메시지를 보냈다.

단어장

화산 폭발
계속되다
대피하다
지진
일어나다
피해를 주다
동굴
갇히다
발생하다
발견되다
전원
구조되다
자연재해

이야기해 봅시다

- 여러분 나라에는 어떤 자연재해가 있었습니까? 그 뉴스를 전해 주십시오.

2과 듣기

● 다음 사진을 보고 이야기해 보십시오.

06

◉ 다음을 듣고 물음에 답하십시오.

1. 미담 소식에서 할머니에게 무슨 일이 생겼습니까?

____

2. 들은 내용과 같은 것을 고르십시오. (　　)

① 택배 기사의 도움으로 할머니가 살 수 있었다.
② 택배 기사는 홀로 사는 할머니 댁에 처음 방문했다.
③ 택배 기사는 할머니를 위해 생수통을 자주 사 드렸다.
④ 택배 기사는 화재가 발생한 것을 알고 소방서에 신고했다.

단어장

미담
홀로
생수통
벨을 누르다
(119)에 신고하다
소방대원
쓰러지다
생명을 잃다
화재가 발생하다

이야기해 봅시다

● 여러분이 택배 기사와 소방대원이 되어서 위의 내용으로 대화를 만들어 보십시오.

• 다음 그림을 보고 이야기해 보십시오.

◉ 다음 글을 읽고 물음에 답하십시오.

5년 만에 내린 폭설, 사고 피해 커

지난 주말 부산에서는 5년 만에 폭설이 내렸다. 토요일 오전부터 내리기 시작한 눈은 오후 5시까지 내렸는데 하루 동안 내린 눈은 10cm정도였다. 예보가 있었으나 갑작스러운 폭설로 시민들은 대비를 하지 못했다. 그래서 곳곳에서 사고가 발생했다.

토요일 오전 10시경 고속도로 입구에서 트럭이 버스와 부딪치는 사고가 났다. 이 사고로 트럭 운전자 A씨 등 10명이 크게 다쳐 병원 치료를 받고 있다. 이 외에 빙판길에서 넘어지는 사고도 많았다. 학생 B군은 수업을 마치고 집으로 가다가 넘어져 허리를 다치기도 했고 C씨는 도로에서 미끄러져 팔이 부러지기도 했다.

지난 주말에는 평소보다 10배나 많은 사고가 발생했다. 이러한 사고는 조금만 더 주의를 하면 충분히 예방할 수 있다. 운전자는 앞차와의 안전거리를 충분히 두고 운전해야 한다. 보행자는 빙판길에서 천천히 걸어야 할 것이다. 그뿐만 아니라 부산시에서는 폭설이 내렸을 때 빠르게 눈을 치워 보행자와 운전자가 큰 사고를 당하지 않게 해야 할 것이다.

단어장

- 고속도로
- 폭설
- 갑작스럽다
- 대비(하다)
- 부딪치다
- 주의하다
- 예방하다
- 보행자
- 치우다
- 사고를 당하다

1. 각 문단의 내용을 정리해 보십시오.

문단	주요 내용	세부 내용
1	폭설 소식	
2	사고 사례	
3	사고 예방을 위한 노력	

2. 위의 내용과 같은 것을 고르십시오. (　　)

① 지난 주말에 폭설이 내릴 거라는 예보가 없었다.
② 트럭이 빙판길에 미끄러져 교통사고가 발생했다.
③ 폭설로 한 초등학생이 등교를 하다가 머리를 크게 다쳤다.
④ 이번 사고는 폭설에 대한 대비가 부족해서 피해가 더 컸다.

이야기해 봅시다

- 여러분 나라에서 발생한 사건 사고 뉴스를 소개해 보십시오.

	내용
누가	
언제	
어디서	
무슨 일	
어떻게	
왜	

단어장
사례
등교를 하다
사건

◉ 여러분 나라에서 발생한 사건·사고 뉴스를 써 보십시오.

누가	
언제	
어디에서	
무슨 일	

▶ 위의 글을 원고지에 써 보십시오.

속담

세 살 버릇 여든까지 간다	어릴 때 버릇은 늙어 죽을 때까지 고치기 힘들다는 말

가 : 우리 딸이 자꾸 손가락을 물고 잠을 자요.

나 : 세 살 버릇 여든까지 간다고 하는데 지금 고치지 않으면 안 돼요.

가 : 그렇죠? 걱정이에요.

나 : 한 번 생긴 습관은 고치기 힘드니까 전문가와 상담해 보세요.

3과 가족의 형태는 다양해요.

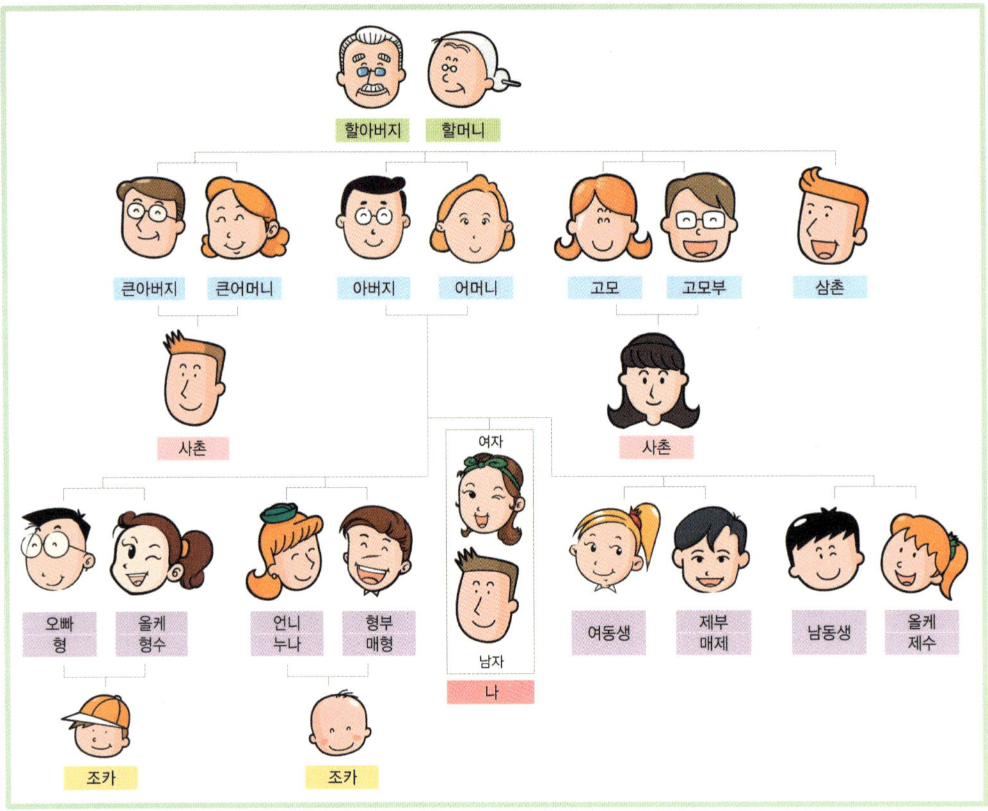

학습목표

| **대화** 가족 관계
| **읽고 말하기** 이민자의 문화

| **듣기** 집안일
| **읽기** 다양한 가족의 형태
| **쓰기** 1인 가구

| **문법과 표현 1** -(으)ㄹ 리가 없다
| **문법과 표현 2** -는데요

| **속담**
말 한 마디에 천 냥 빚 갚는다

3과 대화 가족 관계

07

동 우 : 송영 씨, 지난 주말에 뭐 했어요?
송 영 : 중국에 다녀왔어요. 언니가 결혼했거든요.
동 우 : 그래요? 축하해요.
송 영 : 그런데 궁금한 게 있어요.
언니의 남편을 한국말로 뭐라고 해요?
동 우 : 형부라고 하면 돼요.
송 영 : 그렇군요. 참, 그런데 동우 씨 형은 결혼했어요?
동 우 : 우리 형요? 결혼한 지 꽤 됐는데요.
송 영 : 정말요? 지난번에 결혼 안 했다고 했잖아요?
동 우 : 내가 그렇게 말했을 리가 없는데…….
어제도 형수님과 조카 얘기 했잖아요.
송 영 : 조카 씨요? 그냥 이름 아니었어요?
동 우 : 그게 아니라, 조카는 형의 아이예요.
송 영 : 아, 그렇군요. 형이 참 멋있어 보였는데…….

단어장
형부
꽤
조카
올케
아이를 낳다

이야기해 봅시다

• 다음의 내용으로 위의 **대화**처럼 친구와 대화해 보십시오.

지난 주말에 한 일	이유	가족 관계
중국에 다녀오다	언니가 결혼하다	언니의 남편 – 형부
결혼식장에 갔다 오다	오빠가 결혼하다	오빠의 아내 – 올케
병원에 갔다 오다	여동생이 아이를 낳다	여동생의 아이 – 조카

-(으)ㄹ 리가 없다

가능성이 없다, 또는 믿을 수 없다는 것을 표현할 때 사용한다.

예문

수 미 : 정현이와 은주가 결혼한대요.
제임스 : 두 사람이 결혼할 리가 없어요. 얼마 전에 헤어졌거든요.
수 미 : 진짜 결혼한대요. 어제 은주한테 직접 들었어요.
제임스 : 그럴 리가 없는데…….

연습

1. 가 : 여보, 오늘 민수가 말을 했어요.
   나 : 뭐라고요? 민수는 태어난 지 6개월밖에 안 되었는데 ____________
2. 가 : 기무라 씨 동생이 친구를 때려서 경찰서에 갔대요.
   나 : 그렇게 착한 사람이 ____________
3. 가 : 취직 시험에 합격할 줄 알았는데 아니었어.
   나 : 그렇게 준비를 안 했는데 ____________
4. 가 : 몸이 너무 안 좋아서 병원에 가니까 의사가 감기몸살이래.
   나 : 그렇게 일을 많이 하는데 병에 ____________

말해 봅시다

예문 과 같이 대화해 보십시오.

소식	이유
정현이와 은주가 결혼하다	얼마 전에 헤어지다
소피아가 채식주의자이다	얼마 전에 같이 삼겹살을 먹다
꾸언이 내일 귀국하다	이번 주말에 토픽 시험을 치기로 하다

단어장
채식주의자

-는데요

감탄하거나 대화에서 질문이나 대답을 할 때 습관적으로 사용하는 표현 중의 하나이다.

예문

송 영 : 와! 모자가 정말 예쁜데요.
민 지 : 고마워요. 어제 새로 산 거예요.
송 영 : 그래요? 어디서 샀는데요?
민 지 : 학교 앞 가게에서 샀는데 예쁜 모자가 많았어요. 송영 씨도 같이 가 볼래요?
송 영 : 음, 오늘은 좀 바쁜데요.
민 지 : 그래요? 그럼 시간 날 때 같이 가요.

연습

1. 가 : 어제 백화점 세일해서 이 노트북을 50만원에 샀어요.
   나 : 와! 가격이 정말 ______________________. 언제까지 세일해요?
2. 가 : 저기, 이 구두는 좀 ______________________
   나 : 그래요? 그럼 더 작은 걸로 드릴게요.
3. 가 : 지난달에 결혼했지요? 신혼여행은 어땠어요?
   나 : 너무 좋았어요. 바다도 아름답고 음식도 맛있고…….
   가 : 그래요? 신혼여행을 어디로 ______________________
4. 가 : 점심시간인데 같이 점심 먹으러 갈래요?
   나 : 저는 점심을 벌써 ______________________
   가 : 그래요? 그럼 저 혼자 먹고 올게요.

단어장
세일하다
신혼여행
여유가 없다

말해 봅시다

예문 과 같이 대화해 보십시오.

물건	장소	이유
모자	학교 앞 가게	오늘은 좀 바쁘다
시계	부산 백화점	이번 달에는 여유가 없다
구두	집 근처 구두 가게	지금 약속이 있어서 가는 길이다

08

중국에서는 시어머니와 며느리가 친구처럼 편하게 이야기하고 시아버지와 아들이 함께 부엌에서 자주 요리를 해요. 그런데 한국에서는 며느리들이 시부모님을 어려워하고 남자가 부엌에 들어가는 것을 안 좋아하는 것 같아요. 가족이 모두 같이 요리를 하면 좋을 것 같은데…….

한국에는 가족과 친척을 부르는 말이 아주 많아서 공부를 해야 해요. 미국에서는 남편이나 아내의 가족들은 그냥 이름으로 불러요. 그래서 제가 장모님을 처음 만났을 때 손을 흔들면서 이름을 불렀어요. 그때 갑자기 장모님이 얼굴이 빨개졌어요. 화가 난 것 같았어요. 지금은 장모님이라고 잘 부르지만 다른 친척을 부르는 말은 아직도 어려워요.

이야기해 봅시다

- 다른 나라에서 생활하면 어떤 어려움이 있습니까? 친구들과 이야기해 보십시오.

나라	호칭	인사법	행동

단어장

시어머니
며느리
(손을) 흔들다
장모님
호칭

3과 듣기

• 다음은 휴일의 모습입니다. 사진을 보고 이야기해 보십시오.

🎧 09 ◉ 다음을 듣고 물음에 답하십시오.

1. 두 사람은 무엇에 대해 이야기하고 있습니까?

____

2. 여자의 생각과 같은 것을 고르십시오. (　　)
   ① 집안일은 가족이 함께 해야 한다.
   ② 결혼을 하면 맞벌이를 꼭 해야 한다.
   ③ 어머니가 바쁘면 아버지가 집안일을 도와야 한다.
   ④ 가사 분담은 어릴 때부터 학교에서 가르쳐야 한다.

단어장
맞벌이를 하다
꼼짝을 안 하다
주로
어색하다
가정교육
버릇
가사
분담(하다)

이야기해 봅시다

• 가정에서 필요한 교육에 대해 친구와 대화해 보십시오.

• 다음은 가족의 다양한 형태입니다. 여러분에게 익숙한 가족 형태는 무엇입니까?

◉ 다음 글을 읽고 물음에 답하십시오.

달라진 가족의 형태

한국의 전통적인 가족은 할아버지, 할머니, 부모, 손주 등이 모두 함께 사는 대가족 형태이다. 그런데 현대 사회에서는 부모와 자식 세대만 함께 사는 핵가족 형태가 일반적이다. 그리고 최근에는 가족 수가 더욱 줄어들어서 자녀 없이 부부만 사는 가구나 1인 가구도 늘어나고 있다.

기러기 아빠, 싱글족, 홀로 사는 노인 가구 등이 1인 가구의 대표적인 예이다. 기러기 아빠는 자녀의 공부 때문에 가족을 다 외국으로 보내고 국내에 혼자 남아있는 아빠를 말하고 싱글족은 결혼을 하지 않고 혼자 사는 사람을 말한다. 또한 자녀들이 결혼과 취직 등으로 집을 떠나면서 홀로 사는 노인이 많아졌는데 이런 경우도 1인 가구라고 할 수 있다.

이렇게 가족의 형태가 변한 이유는 결혼관이 변하고 평균 수명이 늘어났기 때문이다. 그뿐만 아니라 독신 생활에서 오는 만족감도 1인 가구 증가에 큰 영향을 미쳤다. 앞으로도 이런 추세는 계속될 것이다.

단어장

형태
대가족
세대
핵가족
일반적
줄어들다
(1인) 가구
독신
늘어나다
만족감
영향을 미치다
추세

1. 각 문단의 내용을 정리해 보십시오.

문단	주요 내용	세부 내용	
1	한국의 가족 형태	전통	
		현대	
2	1인 가구의 예		
3	1인 가구의 증가 원인		

2. 홀로 사는 노인이 늘어나는 이유는 무엇입니까?

---

3. 위의 내용과 같은 것을 고르십시오. (　　)

① 기러기 아빠는 외국에서 혼자 지내는 아빠를 말한다.
② 한국은 현대에도 전통적인 가족 형태를 유지하고 있다.
③ 평균 수명 증가와 가족 형태의 변화는 특별한 관련이 없다.
④ 결혼에 대한 생각이 바뀌면서 1인 가구도 증가하게 되었다.

단어장
증가하다

이야기해 봅시다

- 여러분 나라의 1인 가구에 대해 친구와 대화해 보십시오.

3과 쓰기

• 다음 자료를 참고하여 1인 가구 증가의 현황과 원인을 설명하는 글을 써 보십시오.

■ 조사 기관 : 한국문화연구소

1인 가구의 현황		1인 가구 증가의 원인
▸ 2000년 전체 가구 수의 22% ⇓ ▸ 2024년 전체 가구 수의 32%	➡	1. 결혼관의 변화 2. 평균 수명 증가 3. 경제적 이유

전망
2040년 1인 가구 50% 이상

쓰기 길잡이

처음	■ (　　　　)에서 (　　　　　　　)에 대해 조사를 실시하였다. ■ 조사 결과에 따르면 (　　)년부터 (　　)년까지 1인 가구가 (　　)%에서 (　　)%로 크게 증가하였다.
가운데	■ 1인 가구 증가의 (　　)은/는 다음과 같다. ■ 첫째, ________________________-기 때문이다. 둘째, ________________________도 원인이 되었다. 셋째, ________________________도 영향을 주었다.
끝	■ 이러한 추세가 계속된다면 2040년에는 1인 가구가 (　　　) 이상이 될 것으로 전망된다.

▶ 위의 글을 원고지에 써 보십시오.

속담

말 한마디에 천 냥 빚 갚는다	말을 잘 하면 어려운 일도 해결할 수 있다는 말

가 : 저는 짬뽕을 시켰는데 짜장면이네요.

나 : 손님, 정말 죄송합니다. 짬뽕으로 다시 만들어 드리겠습니다. 그리고 제 실수니까 음식 값은 받지 않겠습니다.

가 : 말 한 마디에 천 냥 빚 갚는다고 그렇게 말씀하시니 제가 더 미안해지네요. 괜찮아요. 그냥 이거 먹을게요.

4과 마치 동굴 같아요.

학습목표

| 대화 주거 생활
| 읽고 말하기 다양한 집의 형태

| 문법과 표현1 -는지 알다 / 모르다
| 문법과 표현2 -기는 하지만

| 듣기 집 이사
| 읽기 한옥의 특징
| 쓰기 전통적인 집

| 속담
발 없는 말이 천리 간다

대화 주거 생활

10

동 우 : 소피아 씨, 안녕하세요? 그런데 여기까지 웬일이세요? 시험도 있다고 들었는데.

소피아 : 아, 네. 사실은 뭐 물어볼 게 있어서요. 제가 시험이 끝나면 이사를 할 생각인데 어떤 집이 좋은지 모르겠어요.

동 우 : 기숙사에서 생활하는 게 편하지 않아요?

소피아 : 편하기는 하지만 좀 자유롭지 못해서요. 어쨌든 기숙사 말고 한국 사람들이 생활하는 곳에서 한번 지내보고 싶어요.

동 우 : 그럼 어떤 집으로 이사 가고 싶어요?

소피아 : 주택이 나을지 아파트가 나을지 아직 잘 모르겠어요.

동 우 : 음, 그럼 아파트가 어때요? 편리한 점이 많잖아요.

소피아 : 아파트는 좀 시끄럽다고 들었는데……. 주택은요?

동 우 : 주택은 조용하기는 한데 생활하기에는 조금 불편할 거예요.

소피아 : 저는 조용한 곳이 좋으니까 주택으로 이사해야겠네요.

동 우 : 아무튼 시험 끝나면 연락 주세요. 집 보러 다닐 때 도와줄게요.

소피아 : 네. 고마워요.

단어장

자유롭다
낫다
쓰레기 분리수거
관리비

이야기해 봅시다

● 다음의 내용으로 위의 **대화**처럼 친구와 대화해 보십시오.

아파트		주택	
장점	단점	장점	단점
경비실이 있어서 편하다	시끄럽다	조용하다	경비실이 없어서 불편하다
쓰레기 분리수거가 쉽다	관리비가 비싸다	마당이 있어서 좋다	택배를 받기 어렵다

-는지 알다 / 모르다

어떤 사실에 대해 확인할 때 사용한다.

※ 누구인지, 언제인지, 어디인지, 무엇인지 + 알다 / 모르다

예 문

제임스 : 해운대에 어떻게 가는지 알아요?
민 지 : 네. 알아요. 지하철 2호선을 타세요. 그런데 왜요?
제임스 : 해운대에 유명한 바다 커피숍이 있다고 들었어요.
민 지 : 정말요? 그런 커피숍이 있는지 몰랐어요.

연 습

1. 가 : 저 분은 어느 나라 사람이에요?
   나 : 글쎄요. 저도 ______________________
2. 가 : 형의 아내를 뭐라고 불러요?
   나 : 형의 아내를 뭐라고 ______________________
3. 가 : 동우 씨가 왜 ______________________
   나 : 저는 잘 몰라요. 아마 민지 씨가 알 거예요.
4. 가 : 교사가 되려면 ______________________
   나 : 교사 자격증을 따야 해요.

말해 봅시다

예 문 과 같이 대화해 보십시오.

알고 싶은 것	알려 준 것	알게 된 사실
해운대에 가다 / 어떻게	지하철 2호선을 타다	바다 커피숍이 있다
자갈치 시장이 있다 / 어디	남포동 근처에 있다	어묵 가게가 있다
영화가 개봉하다 / 언제	이번 주 금요일에 개봉하다	주인공이 무대 인사를 하러 오다

단어장
개봉하다

문법과 표현 2

-기는 하지만

앞의 사실을 인정하지만 반대되는 의견도 있을 때 사용한다.

※ -기는 한데 / 하는데

예문

송 영 : 피자가 맛이 없어요?
왕 붕 : 배가 고파서 먹기는 하는데 맛은 없어요.
송 영 : 그래요? 보기에는 맛있어 보이는데…….
지난번에 시킨 집에서 주문하지 그랬어요?
왕 붕 : 그 집 피자는 맛있기는 했지만 너무 비쌌어요.

연습

1. 가 : 한국 노래를 좋아해요?
   나 : ______________________
2. 가 : 남편이 요리사라서 맛있는 음식을 많이 먹겠네요?
   나 : ______________________
3. 가 : 아르바이트 하는 가게의 사장님은 어때요?
   나 : ______________________
4. 가 : 미국에서 오랫동안 살았으니까 영어를 잘 하겠네요?
   나 : 아니요. ______________________

단어장

말해 봅시다

예문 과 같이 대화해 보십시오.

대상	특징 1	특징 2
피자	배가 고파서 먹다 / 맛이 없다	맛있다 / 비싸다
호텔	다른 호텔이 없어서 이용하다 / 시설이 안 좋다	시설이 좋다 / 멀다
집	월세가 싸다 / 방이 좁다	방이 넓다 / 주변 환경이 나쁘다

4과 읽고 말하기 다양한 집의 형태

나무 위의 집

11

필리핀은 온도가 높고 비가 많이 내려 다양한 열대성 나무들이 많다. 그래서 필리핀 사람들은 예전부터 나무 위에 집을 짓고 살았다. 나무 위의 집은 바람이 잘 통하고 시원해서 살기에 좋다. 더구나 나무를 벨 필요가 없어 환경 보호에도 좋다.

물 위의 집

태국은 비가 많이 오고 강과 호수가 많아서 수상가옥이 발달했다. 수상가옥은 강이나 호수 등의 물 위에 지은 집이다. 그래서 시원할 뿐만 아니라 해충도 막을 수 있다. 또한 홍수 같은 자연재해의 피해도 줄일 수 있다.

얼음집

캐나다 북부는 일 년의 대부분이 겨울이라서 눈과 얼음이 많다. 그래서 이 지역에 사는 사람들은 눈덩어리로 이글루라는 집을 짓는데 그 모습이 마치 동굴 같다. 이글루의 얼음벽이 추운 바깥 공기를 막아 주어 따뜻한 실내 온도를 유지할 수 있게 해 준다.

이야기해 봅시다

- 여러분이 알고 있는 집의 형태와 특징에 대해 이야기해 보십시오.

집	형태	특징

단어장

열대성
집을 짓다
통하다
(나무를) 베다
환경 보호
발달하다
수상가옥
강
호수
해충
홍수
눈덩어리
바깥
실내

4과 듣기

• 여러분은 이사를 하려고 준비를 해 본 적이 있습니까?

🎧 12

◉ 다음을 듣고 물음에 답하십시오.

1. 들은 내용을 정리해 보십시오.

이사 가는 이유	
지금 살고 있는 집	
찾고 있는 집	

2. 들은 내용과 맞는 것을 고르십시오. (　　)
   ① 왕붕은 무역회사에서 일하는 중이다.
   ② 왕붕은 대학을 졸업한 후에 취직을 했다.
   ③ 왕붕은 아주머니에게 이사 날짜를 미리 알려 드렸다.
   ④ 왕붕은 계약이 끝나면 회사 근처로 이사 가려고 한다.

단어장

계약
연장하다
무역회사
아쉽다
햇볕이 들다

이야기해 봅시다

• 여러분이 살고 있는 집의 장점과 단점은 무엇입니까?

장점	단점

4과 읽기

• 다음은 한옥입니다. 한옥의 특징에는 어떤 것이 있을까요?

⊙ 다음 글을 읽고 물음에 답하십시오.

과학이 살아있는 집, 한옥

한국의 전통적인 집을 한옥이라고 한다. 한옥은 나무와 흙, 돌 등 주변에서 쉽게 구할 수 있는 재료를 사용한다. 이렇게 천연 재료로 지었기 때문에 건강에 좋다.

한옥의 대표적인 특징은 온돌, 마루, 처마이다. 온돌은 방바닥을 가열하여 오랫동안 따뜻하게 하는 한국 고유의 난방 방식이다. 이러한 온돌을 사용하면서 한국에서는 좌식 문화가 발달하게 되었다. 그리고 마루는 바람이 잘 통하게 만들었기 때문에 무더운 여름철에도 시원하다. 마루에서 음식을 먹거나 낮잠을 자기도 했으며 가족이 모여 이야기를 나누기도 했다. 또 한옥에는 처마가 있다. 처마는 위쪽에서 부는 바람과 비를 막아 준다. 그뿐만 아니라 1년 내내 집 안으로 적당한 햇볕이 들어와서 여름에는 시원하고 겨울에는 따뜻하다.

이러한 한옥의 특징을 현대에도 활용하고 있다. 최근에는 한옥의 분위기를 느낄 수 있는 아파트도 등장했다. 그리고 한국의 전통 문화를 체험할 수 있는 한옥 호텔도 생겼다. 한옥의 분위기를 좋아하는 사람들이 많기 때문에 한옥의 인기는 계속될 것으로 보인다.

단어장

- 천연 재료
- 방바닥
- 가열하다
- 고유
- 방식
- 좌식
- 적당하다
- 활용하다
- 등장하다
- 체험하다

1. 각 문단의 내용을 정리해 보십시오.

<table>
<tr><th>문단</th><th>주요 내용</th><th colspan="2">세부 내용</th></tr>
<tr><td rowspan="2">1</td><td rowspan="2">한옥 소개</td><td colspan="2">한옥 :</td></tr>
<tr><td colspan="2">한옥의 재료 :</td></tr>
<tr><td rowspan="3">2</td><td rowspan="3">한옥의 특징</td><td>온돌</td><td></td></tr>
<tr><td>마루</td><td></td></tr>
<tr><td>처마</td><td></td></tr>
<tr><td>3</td><td>한옥의 활용</td><td colspan="2"></td></tr>
</table>

2. 위의 내용과 같은 것을 고르십시오. (　　)

① 한옥은 자연에서 찾을 수 있는 재료로 만든다.
② 한옥의 마루는 지금의 부엌과 같은 역할을 한다.
③ 최근 아파트보다 한옥에서 생활하는 사람이 많다.
④ 한옥이 여름에 시원한 것은 처마와 온돌 때문이다.

단어장

이야기해 봅시다

- 여러분 나라의 전통적인 집에 대해 소개해 보십시오.

종류	재료	특징

◉ 여러분 나라의 전통적인 집에 대해서 써 보십시오.

처음	들어가는 말 - 이름 및 재료	________ 의 전통적인 집을 _____(이)라고 한다. _________은/는 ______ 등으로 지어서 ___________
가운데	특징	________ 의 특징은 _______________________
끝	마무리	

▶ 위의 글을 원고지에 써 보십시오.

속 담

부 산　　서울

발 없는 말이 천리 간다	비밀로 한 말도 빨리 퍼지기 때문에 말을 조심해야 한다는 말

가 : 어머! 수미 씨, 축하해요. 다음 달에 결혼하지요?

나 : 네. 감사합니다. 그런데 어떻게 아셨어요? 친한 친구에게만 말했는데…….

가 : 그래요? 우리 회사 사람들은 이미 다 알아요.

나 : 발 없는 말이 천리 간다고 벌써 다 알고 있군요.

5과 젓가락 사용법을 배우느라고 힘들었어요.

학습목표

| **대화** 한국의 식사 예절
| **읽고 말하기** 여러 나라의 예절

| **듣기** 눈인사
| **읽기** 공공장소에서의 예절
| **쓰기** 공공장소에서의 예절

| **문법과 표현1** -(으)ㄹ 수도 있다
| **문법과 표현2** -느라고

| **속담**
콩 심은 데 콩 나고 팥 심은 데 팥 난다

대화 한국의 식사 예절

13

수미 어머니 : 제임스, 이쪽으로 와서 앉아요. 한국 사람 집에서 식사해 본 적 있어요?

제 임 스 : 아니요. 오늘이 처음이에요.

수미 어머니 : 자, 국은 밥 오른쪽에 놓고 젓가락은 숟가락 오른쪽에 이렇게 놓는 거예요. 젓가락 사용법은 알아요?

제 임 스 : 네. 젓가락 사용법을 배우느라고 좀 힘들었는데 이제는 잘해요.

수미 어머니 : 한국에서는 보통 어른들이 먼저 수저를 든 다음에 밥을 먹는 게 예절이에요.

제 임 스 : 그렇군요. 그럼 수미 어머니께서 먼저 수저를 드세요.

수미 어머니 : 네. 제임스도 어서 먹어요.

제 임 스 : 불고기가 정말 맛있네요.

수미 어머니 : 그런데 제임스, 우리는 음식을 먹을 때 그렇게 그릇을 들고 먹으면 예의가 아니라고 생각해요.

제 임 스 : 아, 그렇군요. 오늘은 한국 음식도 먹고 식사 예절도 배울 수 있어서 정말 좋네요.

이야기해 봅시다

- 한국의 식사 예절과 여러분 나라의 식사 예절을 비교해 보고 다른 것이 있으면 이야기해 봅시다.

한국의 식사 예절	다른 나라의 식사 예절
그릇을 들고 먹지 않는다. 식탁 모서리에 앉지 않는다. 수저를 한 손에 쥐고 먹지 않는다. 국을 먹을 때 소리를 내지 않는다. 밥을 먹다가 자리를 떠나지 않는다. 어른이 식사를 끝낼 때까지 기다린다. 어른이 먼저 수저를 든 다음에 식사를 시작한다.	

단어장
수저
모서리
쥐다

–(으)ㄹ 수도 있다

가능성이 있다는 것을 표현할 때 사용한다.

예문

동 우 : 다음 주에 미국으로 어학연수를 가기로 했어요.
민 지 : 그러면 고추장을 준비하세요.
동 우 : 왜요?
민 지 : 한국 음식이 그리울 수도 있어요.

연습

1. 가 : 인터넷으로 물건을 사려고 하는데 괜찮을까요?
   나 : ______________________________ 잘 알아보고 사세요.
2. 가 : 오늘 퇴근하고 만날까요?
   나 : 미안해요. ______________________________
3. 가 : 지금 출발하면 시간에 맞게 도착할 수 있을까요?
   나 : 글쎄요. ______________________________
4. 가 : 왜 한국 사람들은 돼지꿈을 꾸면 복권을 사요?
   나 : ______________________________

말해 봅시다

예문 과 같이 대화해 보십시오.

상황	준비할 것	가능성
미국 / 어학연수	고추장	한국 음식이 그립다
두바이 / 출장	긴팔 옷	밤에 춥다
동해 바다 / 캠핑	비상약	갑자기 아프거나 다치다

단어장
어학연수
복권
캠핑
벌레

-느라고

안 좋은 결과에 대한 이유를 설명할 때 사용한다.

예문

민　지 : 왜 늦었어?
왕　붕 : 미안해. 버스가 안 와서 기다리느라고 늦었어.
민　지 : 근데 전화는 왜 안 받았어?
왕　붕 : 전화했었어? 음악을 듣느라고 전화 소리를 못 들었어.

연습

1. 가 : 무슨 일 있어? 피곤해 보이네.
   나 : 사실은 ______________________ 잠을 못 잤거든.
2. 가 : 오늘도 밥을 안 먹어요?
   나 : 요즘 ______________________ 밥 먹을 시간이 없어요.
3. 가 : 연휴가 길었는데 여행이라도 다녀왔어요?
   나 : 아니요. ______________________ 바빠서 여행을 못 갔어요.
4. 가 : 문자 메시지를 계속 보냈는데 왜 답장을 안 했어요?
   나 : 미안해요. ______________________ 메시지를 확인하지 못했어요.

단어장
답장

말해 봅시다

예문 과 같이 대화해 보십시오.

이유 1	이유 2
버스가 안 와서 기다리다	음악을 듣다
배가 아파서 화장실에 가다	휴지가 없어서 사러 가다
차가 고장나서 수리하다	A/S 센터 직원과 이야기하다

14

요즘 여러 나라의 친구들을 사귈 기회가 점점 늘어나고 있다. 그런데 나라마다 지켜야 할 예절이나 조심해야 할 행동들이 있다.

덴마크에서는 아이의 이름을 마음대로 지을 수 없다. 정부에서 승인한 2만 4천개의 이름 중에서 하나를 선택해야 한다. 만약 그 이름들 말고 다른 이름을 짓고 싶을 때는 정부의 허가를 받아야 한다.

중국에서는 선물을 할 때 조심해야 한다. 특히 시계는 피하는 것이 좋다. 왜냐하면 중국어로 시계는 '끝나다, 죽다'라는 의미가 있는 단어와 발음이 같기 때문이다.

사우디아라비아에서는 차를 홀수로 마시는 것이 예의이다. 따라서 만약 차를 두 잔 마셨다면 한 잔을 더 마셔야 한다. 차를 더 이상 마시고 싶지 않다면 빈 잔을 옆으로 흔들면 된다.

이야기해 봅시다

• 세계의 특이한 법이나 규칙에는 무엇이 있습니까?

나라	특이한 법이나 규칙

단어장

기회
승인하다
이름을 짓다
정부
허가(하다)
홀수

5과 듣기

• 여러분은 모르는 사람과 눈이 마주쳤을 때 어떻게 합니까?

15

◉ 다음을 듣고 물음에 답하십시오.

1. 제임스가 모르는 사람과 눈인사를 한 이유는 무엇입니까?

____

2. 들은 내용과 같은 것을 고르십시오. (   )
   ① 한국 사람들은 모르는 사람과 눈인사를 한다.
   ② 한국에서는 야단을 맞을 때 상대방의 눈을 보지 않는다.
   ③ 제임스 나라에서는 대화 시 눈을 마주치는 것은 예의가 아니다.
   ④ 제임스 나라에서는 상대방과 친밀한 관계가 아니면 모르는 척해야 한다.

단어장
마주치다
윙크
눈인사
친밀하다
오해(하다)

이야기해 봅시다

• 여러분 나라의 눈인사 예절에 대해 친구와 대화해 보십시오.

5과 읽기

• 다음 표지판을 본 적이 있습니까? 다음 표지판이 무엇을 뜻하는지 이야기해 봅시다.

◉ 다음 글을 읽고 물음에 답하십시오.

여기서 이러시면 안 됩니다

유적지나 영화관, 공연장 등의 공공장소에서는 주의해야 할 것들이 있다. 다음은 공공장소마다 지켜야 할 예절이다.

유적지에 가면 문화적, 역사적 가치가 큰 문화재가 많이 있다. 문화재를 후손에게 전해주기 위해서는 관리를 잘해야 한다. 그래서 함부로 만져서는 안 된다. 그런데 기념사진을 찍느라고 문화재를 만지는 사람들이 있다. 이런 행동은 귀중한 문화재를 훼손할 수도 있다.

영화관에서는 조용히 관람하는 태도가 필요하다. 옆에 있는 사람과 이야기할 때는 귓속말로 해야 한다. 그리고 영화를 보다가 자세를 바꿀 때에도 조심해야 한다. 자세를 바꾸느라고 앞좌석을 발로 차면 앞사람의 관람을 방해할 수도 있기 때문이다.

공연장에서는 카메라로 사진을 찍거나 음식을 먹으면 안 된다. 공연을 할 때 사진을 찍으면 연주자나 배우들이 공연에 집중을 할 수가 없기 때문이다. 그리고 음식 냄새도 공연을 하는 사람과 다른 관람객에게 방해되기 때문에 조심해야 한다.

우리는 사회에서 여러 사람들과 같이 살아가고 있다. 공공장소에서는 그 장소에 맞는 규칙과 예의를 지켜야 한다. 혹시 내가 다른 사람들에게 피해를 주지 않는지 옆 사람을 불쾌하게 하는 행동을 하지 않는지 생각해 봐야 한다.

단어장

표지판
유적지
가치
함부로
후손
귀중하다
훼손하다
태도
귓속말
자세
(발로) 차다
방해하다
집중(하다)
규칙
불쾌하다

1. 각 문단의 내용을 정리해 보십시오.

문단	주요 내용	세부 내용
1	도입	
2	유적지	
	영화관	
	공연장	
3	공공장소에서의 자세	

2. 위 글의 내용과 같은 것을 고르십시오. (　　)

① 영화 관람을 할 때 이야기는 밖으로 나가서 해야 한다.

② 공연장에서는 음식을 먹으면서 공연을 관람할 수 있다.

③ 영화관에서는 자세를 바꿀 때 앞사람을 신경 써야 한다.

④ 유적지는 훼손되기 쉽기 때문에 사진을 찍으면 안 된다.

단어장

이야기해 봅시다

- 다음의 공공장소에서 지켜야 할 예절과 그 이유를 이야기해 보십시오.

장소	예절	이유
공원		
도서관		
지하철		

쓰기

◉ 다른 공공장소에서 지켜야 할 예절을 써 보십시오.

처음	공공장소의 정의, 종류	공공장소는 여러 사람이 공동으로 이용하는 곳을 말한다. 공공장소에는 ______________________
가운데	(　　　)에서 지켜야 할 예의	
	이유	
끝	마무리	

쓰기 길잡이

장소별 예의와 이유	-(으)면 안 된다 -아/어야 한다 -(으)면 피해를 준다 -(으)ㄴ/는 행동은 피해야 한다 -(으)면 나른 사람에게 방해가 된다
마무리	따라서 -기 위해서 -아/어야 한다

▶ 위의 글을 원고지에 써 보십시오.

속담

콩 심은 데 콩 나고 팥 심은 데 팥 난다	모든 일은 원인에 따라 결과가 나타난다는 말

가 : 와! 태권도 대회에서 금메달 딴 거 축하해.
나 : 고마워. 기대도 안 했는데…….
가 : 아니야. 너 밤낮없이 열심히 연습했잖아.
콩 심은 데 콩 나고 팥 심은 데 팥 나는 거야.
나 : 고마워. 내가 오늘 한턱낼게.

6과 비빔밥 만들어 봤어요?

학습목표

| **대화** 좋아하는 한국 음식

| **읽고 말하기** 지역별 음식의 특징

| **문법과 표현** 사동

| **듣기** 한국요리경연대회

| **읽기** 한국의 특산품

| **쓰기** 각 나라의 특산품

| **속담**

집신도 짝이 있다

6과 대화 좋아하는 한국 음식

16

왕 붕 : 민지 씨, 비빔밥 만들 수 있어요?
민 지 : 네. 만들 줄 알아요. 왜요?
왕 붕 : 어제 한국 친구가 맛집을 소개해 줘서 갔는데 비빔밥이 너무 맛있었어요. 그래서 저도 만들어 보고 싶어서요.
민 지 : 그래요? 그럼 내일 같이 만들어 볼래요?
왕 붕 : 네. 좋아요.
민 지 : 비빔밥을 만들려면 여러 가지 재료가 필요해요. 시장에 가서 재료를 사와야 해요.
왕 붕 : 그럼, 어떤 재료가 필요한지 가르쳐 주세요. 미리 준비해 놓을게요.
민 지 : 네. 우선 왕붕 씨가 좋아하는 채소를 준비해 두세요. 그리고 소고기와 달걀도 필요해요. 참, 집에 고추장하고 참기름은 있지요?
왕 붕 : 네. 있어요.
민 지 : 그럼 내일 5시쯤에 왕붕 씨 집에 갈게요.
왕 붕 : 그래요. 내일 만나요.

이야기해 봅시다

단어장
맛집
재료

● 다음의 내용으로 위의 **대화**처럼 친구와 대화해 보십시오.

음식	경험	재료1	재료2
비빔밥	한국 친구가 맛집을 소개해 줘서 가다	좋아하는 채소 / 소고기, 달걀	고추장, 참기름
잡채	친구 생일 파티에 가서 먹다	여러 가지 채소 / 당면	고기
김치전	선배 집들이에 가서 먹다	김치, 밀가루 / 해물	달걀

사동

다른 사람에게 어떤 행동을 시키거나 하게 만들 때 사용한다.

예 문

동 우 : 팔을 다쳐서 밥 먹기가 힘들어.
동 생 : 그래? 그럼 내가 먹여 줄까?
동 우 : 고마워. 혹시 옷 입는 것도 도와줄 수 있어?
동 생 : 그럼. 내가 입혀 줄게.

동사 + '이, 히, 리, 기, 우, 구, 추'	먹다 + 이 = 먹이다 입다 + 히 = 입히다 울다 + 리 = 울리다 웃다 + 기 = 웃기다
동사 + '-게 하다'	(내가) 학교에 간다. → (내가) 동생을 학교에 가게 한다.
'-하다' 동사 → '시키다'	청소하다 : (내가) 청소를 했다. → (내가) 동생에게 청소를 시켰다.

▶ 자주 사용하는 사동사입니다.

동사 -사동사	문장	사동문
끓다 - 끓이다	라면이 끓습니다.	동생이 라면을 끓입니다.
먹다 - 먹이다	(내가) 밥을 먹습니다.	(내가) 동생에게 밥을 먹입니다.
보다 - 보이다	(내가) 사진을 봅니다.	(내가) 친구에게 사진을 보여 줍니다.
입다 - 입히다	(내가) 옷을 입습니다.	(내가) 동생에게 옷을 입힙니다.
알다 - 알리다	사람들이 그 일을 알아요.	(내가) 사람들에게 그 일을 알려요.
울다 - 울리다	동생이 울어요.	(내가) 동생을 울려요.
벗다 - 벗기다	(내가) 옷을 벗어요.	엄마가 아기의 옷을 벗겨요.
웃다 - 웃기다	언니가 웃었어요.	(내가) 언니를 웃겼어요.
씻다 - 씻기다	동생이 손을 씻어요.	(내가) 동생의 손을 씻겼어요.
서다 - 세우다	택시가 섰어요.	(내가) 택시를 세웠어요.
깨다 - 깨우다	(내가) 시끄러워서 깼어요.	(내가) 형을 깨웠어요.
낮다 - 낮추다	음악 소리가 낮아요.	(내가) 음악 소리를 낮출게요.

단어장
끓다
깨다

연습

1. 가 : 수미가 결혼하는 것을 친구들이 다 알고 있네!

   나 : 내가 친구들에게 다 ________________________________

2. 가 : 기무라 씨는 개그맨 같아요. 너무 재미있어요.

   나 : 그래요? 기무라 씨가 그렇게 사람들을 잘 ____________ 지 몰랐네요.

3. 가 : 아직 10시도 안 됐는데 벌써 자려고?

   나 : 아침에 일이 있거든요. 6시에 안 일어나면 좀 ________________

4. 가 : 밥 먹을 건데 너 손 씻었어?

   나 : 아니요. 손을 다쳤어요. 엄마가 좀 ______________

말해 봅시다

• 〈보기〉의 그림을 보고 〈말하기〉와 같이 사동사를 사용하여 이야기해 보십시오.

〈보기〉	〈말하기〉
 	오늘도 음악을 들으면서 숙제를 하고 있었다. 그런데 룸메이트가 너무 시끄럽다고 했다. 그래서 음악 소리를 낮췄다.

1.	2.	3.

4.	5.	6.

단어장
개그맨

읽고 말하기 지역별 음식의 특징

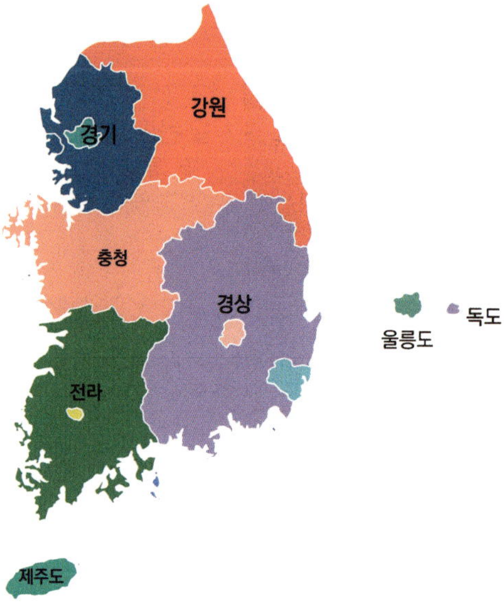

17

한국 음식은 지역별로 다양한 특성을 가지고 있다.

서울은 예로부터 지위가 높은 사람들이 많이 살았다. 그래서 음식의 양은 적지만 음식의 종류가 많다. 또 모양을 예쁘고 작게 만들어 멋을 많이 낸다. 서울 음식은 음식의 간이 짜지도 않고 맵지도 않은 것이 특징이다.

경상도는 바다에 접해 있어 해산물을 이용한 음식이 많다. 싱싱한 생선을 구워서 먹기도 하고 회로 먹기도 하며 생선으로 국을 끓이기도 한다. 위쪽 지역보다 날씨가 따뜻한 편이라서 음식이 빨리 상하기 쉬우므로 짜고 매운 음식이 많다.

전라도는 여러 가지 곡식과 산에서 얻는 채소가 풍부하다. 음식의 종류가 많고 반찬수가 많은 것으로 유명하다. 또한 남해와 서해에 접해 있어 특이한 해산물이 많고 소금을 얻기 쉬워 장 종류가 발달했다.

이야기해 봅시다

- 여러분 나라의 지역별 음식의 특징을 소개해 보십시오.

지역(위치)				
음식의 특징				

단어장
지위
(음식의) 간
굽다
곡식
풍부하다
접하다
장
반찬

6과 듣기

● 여러분이 한국요리 경연대회에 나간다면 무슨 음식을 요리하고 싶습니까?

18

◉ 다음을 듣고 물음에 답하십시오.

1. 들은 내용을 정리해 보십시오.

베트남 사람의 요리	
캐나다 사람의 요리	

2. 들은 내용과 같은 것을 고르십시오. (　　)
   ① 이 대회에 한국에 있는 모든 외국인이 참가했다.
   ② 이 대회에서는 한국 고유의 짠 맛을 표현해야 한다.
   ③ 이 대회에서 필요한 재료는 유학생들이 준비해야 한다.
   ④ 이 대회에서 사용되는 고추장은 학생들이 직접 만들었다.

단어장
경연대회
매콤하다
맛을 살리다
살짝
볶다
(밥을) 싸다
양념
최선을 다하다

이야기해 봅시다

● 여러분 나라의 음식 중에서 다른 나라 친구들에게 소개하고 싶은 음식은 무엇입니까?

6과 읽기

• 다음은 한국의 유명한 특산물인 고려인삼을 이용하여 만든 음식입니다.

◉ 다음 글을 읽고 물음에 답하십시오.

고려인삼을 아십니까?

삼은 한국과 중국 등에서 오래 전부터 약재로 이용해 왔다. 산에서 나는 삼은 산삼이라고 하고 밭에서 나는 삼은 인삼이라 한다. 인삼의 인이라는 글자는 뿌리 모양이 사람처럼 생겼다고 해서 이름을 붙였는데 한국에서 나는 인삼을 특별히 고려인삼이라고 한다.

인삼은 피로를 푸는 데 좋을 뿐만 아니라 거의 모든 종류의 병을 예방하고 치료하는 데에도 도움을 준다. 그리고 원기 회복에도 좋다. 이러한 인삼의 효능은 지금도 계속 연구되고 있다.

한국에서는 예로부터 인삼을 약재로뿐만 아니라 음식의 재료로도 사용해 왔다. 삼계탕이 인삼을 사용한 대표적인 전통 음식이다. 삼계탕은 여름에 먹는 보양식으로 인삼과 닭을 재료로 만든다. 더위로부터 건강을 지켜주기 때문에 여름에 즐겨 먹는 사람들이 많다. 그 외에 주변에서 쉽게 먹을 수 있는 것으로 인삼차나 인삼주스도 있다. 하지만 인삼은 그 쓴 맛 때문에 잘 먹지 못하는 사람들도 많다. 그래서 최근에는 인삼을 이용한 요리나 과자가 다양하게 개발되어 더 많은 사람들이 즐기게 되었다.

한국정부는 이러한 고려인삼을 세계적으로 알리기 위해 여러 가지 홍보 활동을 하고 있다. 그러한 노력 덕분에 고려인삼은 문화적 가치 및 우수한 효능 등을 인정받아 전 세계인들의 사랑을 받고 있다.

단어장

약재
(산에서) 나다
뿌리
이름을 붙이다
원기 회복
효능
연구되다
보양식
(약이) 쓰다
개발되다
정부
홍보 활동
우수하다
인정받다

1. 각 문단의 내용을 정리해 보십시오.

문단	주요 내용	세부 내용
1	인삼의 의미	
2	인삼의 효능	
3	인삼의 쓰임새	
4	인삼의 세계화	

2. 위의 내용과 같은 것을 고르십시오. (　　)

① 고려인삼은 한국과 중국에서 생산되는 인삼 종류이다.
② 고려인삼은 쓴 맛이 강해서 과자로는 개발되지 않았다.
③ 고려인삼은 많은 병의 치료와 예방에 뛰어난 효능이 있다.
④ 고려인삼은 아직 다른 나라 사람들에게는 알려지지 않았다.

단어장
쓰임새
세계화

이야기해 봅시다

• 여러분 나라에도 인삼처럼 건강에 좋은 특산물이 있습니까?

나라	특산물	효능	쓰임새

6과 쓰기

◉ 여러분 나라의 지역별 음식의 특성을 소개하는 글을 써 보십시오.

처음	들어가는 말	________ 음식은 지역별로 다양한 특징을 가지고 있다.
가운데	지역 구분 및 소개	
	( )지역 음식의 특징	
	( )지역 음식의 특징	
끝	마무리	

쓰기 길잡이

지역 구분	-(으)로 나눌 수 있다
음식의 특징	-지역은 -이/가 풍부하여 -이/가 발달했다

▶ 위의 글을 원고지에 써 보십시오.

속담

짚신도 짝이 있다	사람은 각각 어울리는 사람이 있다는 말

가 : 아! 너무 외로워. 친구들은 다 여자 친구가 있는데 왜 나만 없을까?

나 : 걱정하지 마. 짚신도 짝이 있다고 너도 곧 여자 친구가 생길 거야.

가 : 정말 그럴까?

나 : 그럼. 등잔 밑이 어둡다고 했으니까 주변을 잘 찾아봐.

7과 SNS에 푹 빠졌다면서요?

학습목표

| **대화** 도서 대출
| **읽고 말하기** 전자책

| **듣기** SNS 친구
| **읽기** 1인 미디어
| **쓰기** SNS 친구

| **문법과 표현 1** -아/어야지요
| **문법과 표현 2** -다면서요?

| **속담**
낮말은 새가 듣고 밤말은 쥐가 듣는다

대화 도서 대출

19

소피아 : 동우야, 지금 바빠?

동 우 : 아니. 왜?

소피아 : 지난번에 왕붕에게 선물 받은 소설책이 그렇게 재미있다면서? 다 읽었어?

동 우 : 응. 다 봤어.

소피아 : 그럼 나도 좀 빌려줘.

동 우 : 민지에게 빌려줘서 지금 없어. 아마 도서관에도 그 책이 있을 거야.

소피아 : 도서관에서 책은 어떻게 빌려?

동 우 : 먼저 도서관 홈페이지에 들어가서 찾고 싶은 책의 정보를 입력해. 예를 들어 서명, 저자명, 출판사 같은 거.
그러면 도서관에 그 책이 있는지, 어디에 있는지 등을 알 수 있어.

소피아 : 고마워. 그럼, 한번 해 볼게.

(잠시 후)

동 우 : 책 찾아봤어?

소피아 : 검색하니까 대출 중이라고 되어 있었어.

동 우 : 아, 그건 다른 사람이 이미 빌려 갔다는 거야.

소피아 : 그럼 다음에 빌려야겠네.

단어장
입력하다
서명
저자명
출판사
대출(하다)
시집

이야기해 봅시다

- 다음의 내용으로 위의 **대화**처럼 친구와 대화해 보십시오.

빌리고 싶은 책	지금 책이 없는 이유
왕붕에게 선물 받은 소설책	민지에게 빌려주다
생일 선물로 받은 시집	고향집에 두고 오다
선배가 추천한 여행책	이사하다가 잃어버리다

문법과 표현 1

–아/어야지요

어떤 일이나 상황에 대해 당연히 해야 할 일을 말할 때 사용한다.

예문

기무라 : 매일 비타민을 먹는데 요즘 자주 피곤해요.
민　지 : 그럴 때는 인삼을 먹어야지요.
기무라 : 왜요?
민　지 : 인삼이 원기 회복에 최고거든요.

연습

1. 가 : 머리가 자꾸 빠져서 샴푸를 바꿨어요. 그래도 자꾸 빠져요.
   나 : 그럴 때는 ______________________________

2. 가 : 저는 해외에서 한국어를 가르치고 싶어요.
   나 : 그럼, ______________________________

3. 가 : 어제 영화 볼 사람이 없어서 혼자 봤어.
   나 : 그래? 나한테 ______________________________

4. 가 : 어제 갑자기 일이 생겨서 못 갔어. 미안해.
   나 : 그러면 ____________________. 많이 기다렸잖아.

말해 봅시다

예문 과 같이 대화해 보십시오.

상황	제안	이유
비타민을 먹다 / 자주 피곤하다	인삼을 먹다	원기 회복에 최고이다
두꺼운 옷을 입다 / 너무 춥다	내복을 입다	체온 유지에 좋다
은행에 입사하고 싶다 / 자꾸 떨어지다	금융 관련 자격증을 따다	자격증이 있으면 우대해 주다

단어장
비타민
머리가 빠지다
내복
체온
자꾸

–다면서요?

들어서 알고 있는 사실을 확인할 때 사용한다.

예문

송 영 : 꾸언 씨도 요리 경연대회에 참가한다면서요?
꾸 언 : 네. 저도 한번 해 보려고요.
송 영 : 그 대회는 상금도 많다면서요?
꾸 언 : 맞아요. 상금을 타면 중고차 살 거예요.

연습

1. 가 : 동우 씨, ____________________? 저 좀 가르쳐 주세요.
   나 : 다음에 가르쳐 줄게요. 요즘 조금 바빠요.
2. 가 : 너 어제 ____________________? 잘 봤어?
   나 : 아니. 너무 긴장해서 대답을 제대로 못했어.
3. 가 : 전라도는 ____________________
   나 : 네. 저도 그렇게 들었어요. 그래서 한번 가 보려고요.
4. 가 : 저 분이 유명한 ____________________
   나 : 네. 텔레비전에도 자주 나오는데 정말 요리를 잘한다고 해요.

단어장
상금
중고차
군대
부대

말해 봅시다

예문 과 같이 대화해 보십시오.

들은 사실 1	들은 사실 2	계획
요리 경연 대회에 참가하다	대회 상금이 많다	중고차를 사다
군대에 가다	부대가 멀다	하루 전에 출발하다
앨범을 내다	노래가 좋다	공연을 하다

읽고 말하기 전자책

20

'책'이라고 하면 무엇이 떠오르는가? 아마 대부분은 서점에 가서 신중하게 책을 고르고 한 장씩 넘겨 보는 종이책을 생각할 것이다. 하지만 21세기, 컴퓨터의 시대를 맞이하면서 새로운 형태의 책이 나타났다. 바로 '전자책'이다.

전자책은 문자와 영상으로 된 정보를 전자 매체에 기록하여 책처럼 이용할 수 있는 디지털 도서를 말한다. 전자책은 독자뿐만 아니라 출판사 입장에서도 장점이 많다.

독자의 입장	출판사의 입장
- 종이책에 비해 가격이 저렴하다. - 휴대가 간편하고 언제, 어디서든지 쉽게 원하는 책을 볼 수 있다. - 책을 읽을 때 글자의 크기를 조절할 수 있다.	- 출판 비용을 절약할 수 있다. - 책 내용을 업데이트하기가 쉽다. - 책의 손상이 없어 교환이나 환불이 거의 없다.

그렇지만 종이책은 아직도 많은 사람들의 사랑을 받고 있다. 전자책의 장점이 많지만 서점에서 직접 골라 보는 재미 등을 생각하면 종이책의 매력을 무시하기가 쉽지 않기 때문이다.

단어장
떠오르다
신중하다
넘기다
맞이하다
영상
매체
기록하다
디지털
독자
입장
간편하다
조절하다
업데이트하다
손상(되다)
무시하다

이야기해 봅시다

- 종이책과 전자책에 대해 친구와 대화해 보십시오.

7과 듣기

- 여러분은 SNS(소셜 네트워크 서비스)를 하고 있습니까?

페이스북	인스타그램	카카오스토리	네이버 블로그	카카오톡	유튜브

21

◉ 다음을 듣고 물음에 답하십시오.

1. 들은 내용을 정리해 보십시오.

	SNS 친구에 대한 생각
동우	
소피아	

2. 들은 내용과 같은 것을 고르십시오. (　　)
   ① 동우는 자신의 SNS 친구를 자랑하고 있다.
   ② 소피아는 SNS 인간관계가 효율적이라고 생각한다.
   ③ 소피아는 SNS 친구가 많은 동우를 부러워하고 있다.
   ④ 동우는 SNS 친구가 오래가지 못할 것 같아 걱정한다.

3. 여자의 태도로 알맞은 것을 고르십시오. (　　)
   ① 남자의 상황을 부정적으로 보고 있다.
   ② 문제에 대한 해결 방법을 알려주고 있다.
   ③ 남자의 의견에 대해 긍정적으로 평가하고 있다.
   ④ 자신의 의견을 주장하면서 상대의 의견은 듣지 않는다.

단어장

온라인
소통하다
가상
진실하다
부정적
취향
부담
인간관계를 맺다
넘다
(관계를) 정리하다
낭비하다
상처를 받다
효율적
자랑하다
긍정적
평가하다
주장하다

이야기해 봅시다

- SNS 친구에 대해 친구와 대화해 보십시오.

7과 읽기

• 다음은 1인 미디어의 다양한 형태입니다. 여러분은 어떤 콘텐츠에 관심이 있습니까?

◉ 다음 글을 읽고 물음에 답하십시오.

당신도 1인 미디어의 주인공이다

우리는 정보화 시대 속에서 다양한 형태의 미디어를 통해 정보를 주고받고 있다. 그 중 최근에 가장 눈길을 끌고 있는 것이 1인 미디어이다. 1인 미디어란 개인이 자신의 글, 사진, 영상 등을 블로그나 SNS 등을 통해 대중에게 보여주는 서비스를 말한다.

1인 미디어의 가장 큰 매력은 내가 직접 만든 콘텐츠를 다른 사람들과 쉽게 공유할 수 있다는 것이다. 그래서 소재가 다양할 뿐만 아니라 개성도 강하다. 또한 나의 콘텐츠에 대한 다른 사람의 생각을 빨리 알 수 있으며 비용도 저렴하다. 이러한 매력으로 1인 미디어는 하나의 문화가 되고 있다.

1인 미디어의 소재는 뭐든지 가능하다. 연예인 화장법을 알려 주는 콘텐츠, 엄청난 양의 음식을 먹으며 맛을 평가하는 콘텐츠, 자신만의 운동 비법을 소개하는 콘텐츠, 특별한 것 없이 자신의 일상을 보여주는 콘텐츠 등이 그 예이다. 개인은 자신만의 신선한 콘텐츠를 활용하여 언제, 어디서든지 다른 사람들과 소통하고 정보도 교환한다.

'1인 미디어의 신'이라고 불리는 D 씨는 자신의 경험을 활용하여 사람들과 소통하며 인기를 끌고 있다. 그는 한 강연에서 '세상에 쓸모없는 일은 없다'고 하며 뭐든지 미디어의 소재가 될 수 있다고 말했다. 자신을 표현하고 싶어 하는 사람들이 많아지고 있기 때문에 1인 미디어의 전망은 밝다.

단어장

미디어
콘텐츠
시대
눈길을 끌다
대중
공유하다
소재
개성
엄청나다
비법
신선하다
신
강연
쓸모없다
전망

1. 각 문단의 내용을 정리해 보십시오.

문단	주요 내용	세부 내용
1	1인 미디어의 정의	
2	1인 미디어의 장점	
3	1인 미디어의 소재	
4	1인 미디어의 사례 및 전망	

2. 위 글의 내용과 다른 것을 고르십시오. (　　)

① 1인 미디어는 돈이 많이 들지 않는다.
② 1인 미디어는 시간과 장소가 중요하지 않다.
③ 1인 미디어는 유명인들이 대중을 위해 만든 방송이다.
④ 1인 미디어는 다양한 콘텐츠로 다른 사람과 생각을 나눌 수 있다.

단어장

정의
돈이 들다
유명인
생각을 나누다

이야기해 봅시다

- 1인 미디어의 콘텐츠에 대해 친구와 대화해 보십시오.

7과 쓰기

◉ SNS로 친구를 사귀는 것에 대한 자신의 생각을 써 보십시오.

처음	들어가는 말	우리는 다양한 방법으로 친구를 사귄다. 예전에는 편지를 쓰거나 직접 만나 친구를 사귀었다. 그러나 요즘에는 SNS를 통해 친구를 사귀는 사람이 많아졌다.
가운데	나의 생각	SNS로 친구를 사귀는 것에 대해 나는 (긍정적/부정적)으로 생각한다.
	이유	
끝	마무리	

▶ 위의 글을 원고지에 써 보십시오.

속담

낮말은 새가 듣고 밤말은 쥐가 듣는다	말을 조심해야 한다는 말

가 : 너 혹시 그 얘기 들었어?

나 : 무슨 얘기인데.

가 : 제임스 씨가 있잖아, 어제…….

나 : 쉿, 잠깐, 낮말은 새가 듣고 밤말은 쥐가 듣는다고 혹시 누가 들을 수도 있어.

8과 빨리 나아야 할 텐데.

학습목표

| **대화** 걱정과 위로

| **읽고 말하기** 향수병

| **듣기** 이성 문제

| **읽기** 강영우 박사

| **쓰기** 시련을 극복한 인물

| **문법과 표현1** -아/어야 할 텐데

| **문법과 표현2** 피동

| **속담과 관용어**

종로에서 뺨 맞고 한강 가서 눈 흘긴다

대화 걱정과 위로

22

송 영 : 왕붕 씨, 혹시 어제 학교에 왔어요?
왕 붕 : 아니요. 결석했어요.
송 영 : 그랬군요. 어제 할 말이 있어서 계속 찾았는데…….
왕 붕 : 일이 좀 있었어요. 그런데 왜요?
송 영 : 다음 달에 태권도 대회가 있잖아요. 같이 연습하려고요.
왕 붕 : 미안해요. 저는 당분간 좀 힘들 것 같아요.
감기 몸살에 걸렸는지 열도 나고 기침도 심해요.
송 영 : 그래요? 요즘 왕붕 씨가 좀 무리하는 것 같았어요.
왕 붕 : 빨리 감기가 나아야 할 텐데 걱정이에요.
송 영 : 푹 쉬면 나을 거예요.
왕 붕 : 빨리 태권도 연습을 해야 할 텐데…….
송 영 : 대회 걱정은 하지 마세요. 아직 한 달이나 남았잖아요. 감기가 다 나으면 같이 연습해요.

단어장
위로(하다)
당분간
(시간이) 남다

이야기해 봅시다

• 다음의 내용으로 위의 **대화**처럼 친구와 대화해 보십시오.

상황	희망
태권도 대회가 있다 / 감기 몸살에 걸리다	빨리 감기가 낫다
기말 시험을 치다 / 아르바이트 때문에 공부할 시간이 없다	장학금을 받다
수료식에서 장기자랑을 하다 / 귀국 준비로 정신이 없다	다른 친구에게 피해를 주지 않다

문법과 표현 1

–아/어야 할 텐데

바라는 상황에 대해 그렇게 되지 않을 것을 걱정할 때 사용한다.

예 문

안　나 : 제임스 씨, 내일 운전면허 시험이라면서요?
제임스 : 네. 벌써 세 번째예요.
안　나 : 우리 같은 외국인에게는 더 어렵지요.
제임스 : 이번에는 꼭 합격해야 할 텐데 걱정이에요.

연 습

1. 가 : 회사를 옮겼다면서요?
   나 : 네. 새 직장에 빨리 ____________________ 걱정이에요.
2. 가 : 내일 우리 야구 경기 보러 가기로 했지요?
   나 : ____ 걱정이에요.
3. 가 : 어제 지하철에서 지갑을 잃어버렸어요. ____________________
   나 : 빨리 지하철 유실물 센터에 전화해 보세요.
4. 가 : 기무라 씨, 고향에 지진이 났다면서요?
   나 : 네. ____

말해 봅시다

예 문 과 같이 대화해 보십시오.

상황	이유	희망
내일 운전면허 시험이다	외국인에게는 더 어렵다	합격하다
식당을 개업하다	불경기에는 식당이 잘 안 되다	성공하다
여드름 치료를 받다	피곤하면 잘 생기다	여드름이 안 나다

단어장
직장
유실물
개업하다
불경기
성공하다
여드름

8과 문법과 표현 2

피동

스스로 하지 않고 다른 것에 의해 그렇게 되었다는 것을 나타낸다.

예문

동 우 : 송영 씨, 왜 이렇게 연락이 안 돼요?
송 영 : 전화번호가 바뀌었거든요.
동 우 : 전화번호가 바뀌었으면 연락을 했어야지요.
송 영 : 미안해요. 깜빡했어요.

동사 + '이, 히, 리, 기'	보다 + 이 = 보이다 잡다 + 히 = 잡히다 팔다 + 리 = 팔리다 안다 + 기 = 안기다
명사 + '되다'	수업을 시작하다 → 수업이 시작되다

▶ 자주 사용하는 피동사입니다.

동사 -피동사	문장	피동문
놓다-놓이다	책상 위에 책을 놓았다.	책상 위에 책이 놓여 있다.
보다-보이다	산에 올라가서 바다를 봤다.	산에 올라가면 바다가 보인다.
닫다-닫히다	바람이 불어서 문을 닫았다.	바람이 불어서 문이 닫혔다.
밟다-밟히다	옆 사람이 내 발을 밟았다.	옆 사람에게 발이 밟혔다.
잡다-잡히다	경찰이 도둑을 잡았다.	도둑이 경찰에게 잡혔다.
물다-물리다	모기가 물었다.	모기에게 물렸다.
열다-열리다	더워서 문을 열었다.	바람에 문이 열렸다.
팔다-팔리다	홈쇼핑에서 휴대폰을 팔고 있다.	홈쇼핑에서 휴대폰이 잘 팔린다.
듣다-들리다	친구들이 싸우는 소리를 들었다.	친구들이 싸우는 소리가 들렸다.
잠그다- 잠기다	문을 잠그고 나왔다.	교실 문이 잠겨 있다.

※ -아/어 있다
예) 벽에 시계가 걸려 있다.

단어장
바뀌다
안기다
밟다
물다
잠그다
걸리다

말해 봅시다

• 그림을 보고 피동사를 사용하여 이야기를 만들어 보십시오.

1.

2.

3.

4.

23

왕붕 | 집에 가고 싶어 ㅠ.ㅠ

저는 한국에서 유학 생활을 한 지 2년 정도 되는 유학생입니다. 해가 바뀌고부터 점점 우울해지고 마음이 무겁습니다. 향수병에 걸렸는지 집에 가고 싶다는 생각만 듭니다. 부모님도 보고 싶고 고향 음식도 먹고 싶고……. 다음 주가 토픽시험인데 공부가 잘 안 됩니다. 성적을 잘 받아야 할 텐데 걱정이에요. 그리고 친구들하고도 잘 어울리지 못합니다. 즐겁게 생활하는 친구들을 보면 저만 힘들어 하는 것 같아서 기분이 좋지 않습니다.

이런 고민은 저만 하는 걸까요? 다른 친구들은 한국 생활에 적응도 잘하고 열심히 사는 것 같은데 저만 왜 이럴까요? 정말 힘듭니다. 저도 다른 친구들처럼 즐겁게 한국 생활을 하고 싶습니다. 좋은 해결 방법이 있으면 알려 주시기 바랍니다.

말해 봅시다

- 위의 글을 읽고 여러분도 댓글을 달아 보십시오.

씩씩한 남자

↳ 저도 가끔 그럴 때가 있는데 그럴 때마다 시내에 가기도 하고 한 번도 가 보지 않은 곳을 가기도 해요. 바쁘게 움직이는 사람들을 보면 나도 힘이 나거든요.

여름바다

↳ 집에 한번 다녀오세요. ㅋㅋ

____

↳

단어장

향수병
해가 바뀌다
우울하다
마음이 무겁다
(사람과) 어울리다
적응하다
씩씩하다

8과 듣기

• 여러분은 이성 문제로 고민해 본 적이 있습니까?

24

◉ 다음을 듣고 물음에 답하십시오.

1. 들은 내용을 정리해 보십시오.

제임스의 고민	
안나의 조언	

2. 두 사람이 대화한 후 제임스가 할 행동으로 맞는 것을 고르십시오. (　　)
   ① 고민 상담소에 간다.
   ② 은주에게 전화를 건다.
   ③ 조언을 해 준 안나에게 밥을 산다.
   ④ 은주가 관심을 갖는 남자에 대해 알아본다.

3. 제임스의 성격으로 알맞은 것을 고르십시오. (　　)
   ① 급하다　　② 까다롭다
   ③ 너그럽다　　④ 소극적이다

단어장
이성
얼굴이 어둡다
부끄럽다
용기를 내다
고백하다
마음이 열리다
상담소
조언(하다)

이야기해 봅시다

• 친구의 고민을 듣고 친구에게 필요한 조언을 해 주십시오.

• 여러분은 갑자기 눈이 안 보인다면 어떻겠습니까? 소리가 안 들린다면 어떻겠습니까?

◉ 다음 글을 읽고 물음에 답하십시오.

두 눈 대신 더 많은 것을 얻다

강영우 박사는 어려서 아버지를 잃고 14살 때는 사고로 시력을 잃었다. 그 충격으로 어머니도 돌아가시는 불행을 겪었다. 그래서 강 박사의 누나는 동생들을 위해 학교도 그만두고 일을 해야 했다. 그러다가 누나도 과로로 죽게 되었다. 결국 강 박사는 특수학교에 가게 되었고 동생들과는 헤어지게 되었다.

그러나 이런 불행 속에서도 강 박사는 누구보다 열심히 공부했다. 25살에 연세대 교육학과에 입학하여 우수한 성적으로 졸업하고 한 장학재단의 도움을 받아 미국으로 유학을 갔다. 강 박사는 장학금을 받고 유학을 간 최초의 장애인 학생이었는데 그때는 보통 사람들도 유학가기가 아주 어려운 때였다. 그리고 시각 장애인으로서는 한국 최초로 미국에서 박사학위를 받았고 22년 동안 미국의 공무원과 대학교수로 일했다.

그렇게 되기까지는 가족의 힘이 컸다. 그의 아내는 특수학교에 봉사하러 온 대학생이었는데 두 사람은 결혼을 하고 함께 미국으로 가서 두 명의 아들을 낳았다. 큰 아들은 아버지인 강 박사의 눈을 고쳐주고 싶어서 의대에 진학했고 현재는 미국에서 유명한 안과 의사로 활동하고 있다. 그리고 작은 아들은 백악관에서 근무할 정도로 뛰어난 변호사가 되었다.

2011년 암에 걸린 것을 알게 된 강 박사는 그때에도 좌절하지 않았다. 오히려 가족과 주위 사람들에게 감사의 편지를 보냈고 장학재단에 장학금을 기부하기도 하였다. 강 박사는 "제가 살아온 인생은 보통 사람들보다 어려웠습니다. 하지만 두 눈을 잃었지만 더 많은 것을 얻었습니다. 그러니까 여러분도 포기하지 마세요."라는 말을 남기고 2012년 2월에 세상을 떠났다.

단어장

시력
충격
불행을 겪다
과로
특수학교
장학재단
최초
시각
박사학위
진학하다
암에 걸리다
좌절하다
오히려
기부하다
남기다
세상을 떠나다

1. 각 문단의 내용을 정리해 보십시오.

문단	주요 내용	세부 내용
1	강영우 박사의 시련	
2	강영우 박사의 시련 극복	
3	강영우 박사의 가족	
4	강영우 박사의 교훈	

2. 위의 글은 어떤 종류의 글입니까? (　　)

① 실재 인물의 삶을 쓴 글　② 연극을 하기 위해 쓴 글
③ 책을 읽고 자신이 느낀 점을 쓴 글　④ 여행 후 보고 느낀 것에 대해 쓴 글

3. 위 글의 내용과 같은 것을 고르십시오. (　　)

① 강 박사는 미국에서 결혼하여 남매를 낳았다.
② 강 박사는 세계 최초의 시각 장애인 박사이다.
③ 강 박사는 박사 학위를 받고 백악관에서 변호사로 일했다.
④ 강 박사는 주변 사람들에게 편지로 고마운 마음을 전했다.

단어장

시련
극복(하다)
실재

이야기해 봅시다

- 고난과 시련을 이겨내고 성공한 인물을 알고 있습니까? 그 인물에 대해 이야기해 봅시다.

8과 쓰기

◉ 고난과 시련을 극복한 훌륭한 인물을 소개하십시오.

처음	인물 소개	
가운데	시련을 극복한 내용	
끝	남긴 말 및 느낀 점	

쓰기 길잡이

인물 소개	나는 시련을 극복한 인물에 대해서 소개하려고 한다. 그 사람은 -
시련을 극복한 내용	-는 불행을 겪었다 -을/를 극복했다
남긴 말 및 느낀 점	"________"라는 말을 남겼다 -에 세상을 떠났다

▶ 위의 글을 원고지에 써 보십시오.

속담

종로에서 뺨 맞고 한강 가서 눈 흘긴다	앞에서는 아무 말도 못 하고 뒤에 가서 불평한다는 말

가 : 왜 이렇게 기분이 안 좋아요? 형이랑 싸웠어요?

나 : 형이 엄마한테 혼나고 저한테 소리를 지르며 짜증을 내네요.

가 : 속상하겠어요.

나 : 네. 종로에서 뺨 맞고 한강 가서 눈 흘긴다고 가만히 있는 제게 화풀이를 하니 기분 나빠요.

9과 내일의 날씨를 말씀드리겠습니다.

학습목표

| **대화** 여행 취소
| **읽고 말하기** 날씨에 따른 생활 지수

| **듣기** 일기 예보
| **읽기** 계절별 건강관리
| **쓰기** 계절별 건강관리

| **문법과 표현1** -았/었던
| **문법과 표현2** (으)로 인해서

| **속담**
원숭이도 나무에서 떨어질 때가 있다

9과 대화 여행 취소

25

민 지 : 왕붕 씨, 이번 주 제주도 여행은 아무래도 취소해야 할 것 같아요.
왕 붕 : 왜요? 제주도 갈 생각에 설레어서 며칠 동안 잠도 못 잤는데…….
민 지 : 오늘 일기 예보를 봤는데 태풍이 온대요.
왕 붕 : 그래요?
민 지 : 태풍으로 인해 비행기 운항이 취소될 것 같아요.
왕 붕 : 그러면 제주도 여행은 힘들겠네요. 너무 아쉬워요.
민 지 : 지난번에 꾸언 씨도 태풍이 오는 줄 모르고 제주도 여행을 갔다가 3일 동안 발이 묶였다고 했어요.
왕 붕 : 태풍이 지나가면 그때 다시 가요.
민 지 : 같이 가기로 했던 다른 친구들에게는 제가 연락할게요.
왕 붕 : 네. 그때는 일기 예보를 꼭 확인하고 계획을 세웁시다.

단어장
운항(하다)
발이 묶이다
계획을 세우다
폭염
일사병

이야기해 봅시다

• 다음의 내용으로 위의 **대화**처럼 친구와 대화해 보십시오.

상황	일기 예보	취소 이유
제주도 여행	태풍이 오다	태풍 / 비행기 운항이 취소되다
평창 스키 여행	폭설이 내리다	폭설 / 고속도로가 막히다
경주 역사 여행	폭염이 심하다	폭염 / 일사병에 걸리다

-았/었던

과거에 끝난 일을 다시 생각해서 말할 때 사용한다.

예문

동 우 : 정말 오랜만에 초등학교에 온 것 같아요.
수 미 : 맞아요. 동우 씨, 우리가 공부했던 교실 좀 보세요.
동 우 : 예전 생각이 많이 나네요. 우리가 앉았던 의자도 그대로네요.
수 미 : 그때가 좋았는데……. 모든 것이 그립네요.

연습

1. 가 : 살면서 가장 ____________ 날이 언제예요?
   나 : 고등학교 졸업식 날이에요.
2. 가 : 내일 결혼식에 무슨 옷을 입고 갈까?
   나 : 지난주 면접 때 ____
3. 가 : 저 사람이 인사를 하는데 왜 모른 척해요?
   나 : 지난번에 ________________________________ 사람이라서요.
4. 가 : 이번 여름 방학 때 어디로 여행을 갈까요?
   나 : ____

말해 봅시다

예문 과 같이 대화해 보십시오.

방문한 곳	회상 1	회상 2
초등학교	공부하다 – 교실	앉다 – 의자
단골 식당	주문하다 – 메뉴판	보고 웃다 – 광고 그림
체육공원	놀다 – 운동장	농구하다 – 농구대

단어장

(으)로 인해(서)

어떤 결과에 대한 원인이나 이유를 나타낼 때 사용한다.

예문

오늘의 뉴스를 말씀드리겠습니다.

첫 번째 소식입니다. 오후 6시경 경부 고속도로에서 일어난 교통 사고로 인해 사상자가 발생했습니다. 현재 경찰은 사고 원인을 찾고 있습니다.

연습

1. 일교차 / 감기 환자가 늘다

→ ____________________

2. 태풍 / 나무가 쓰러지고 간판이 떨어지다

→ ____________________

3. 작년 여름 / 열대야 / 시민들이 잠을 설치다

→ ____________________

4. 최근 / 환경오염 / ____________________

→ ____________________

단어장
- 사상자
- 간판
- 열대야
- 안개
- 로봇

말해 봅시다

예문 과 같이 대화해 보십시오.

시간	원인	결과
오늘 오후 6시경	경부고속도로에서 일어난 교통사고	사상자가 발생하다
오늘 새벽	김해 공항에서 발생한 심한 안개	비행기 운항이 취소되다
지난달	P대학에서 개발한 장애인 도우미 로봇	장애인도 편하게 외출이 가능해지다

읽고 말하기 날씨에 따른 생활 지수

26

생활 지수란 날씨가 생활에 영향을 주는 것을 숫자로 표현한 것이다. 생활 지수에는 나들이 지수, 빨래 지수, 세차 지수, 운동 지수, 냉방 지수, 불쾌지수 등이 있다. 그 중에서 불쾌지수는 날씨로 인해 사람이 느끼는 불쾌감의 정도를 나타낸다. 사람이 느끼는 불쾌감은 기온, 습도, 바람에 따라 다르다. 기온이 너무 높거나 낮으면 불쾌감을 느낀다. 또 습도가 높으면 불쾌감을 더 느끼고 바람이 불면 불쾌감을 덜 느낀다. 보통 불쾌지수가 70 이하이면 모든 사람이 쾌적함을 느끼고 75 이상이면 절반 정도의 사람이 불쾌감을 느끼게 된다. 그리고 80 이상이면 거의 모두가 불쾌감을 느끼게 된다. 요즘은 일기예보에서 이와 같은 생활 지수를 알려 주어 다음 날의 생활을 준비하게 해 준다.

	빨래 지수	40	빨래는 실내에서 말리세요.
	세차 지수	20	세차하면 후회해요
	운동 지수	20	야외 운동은 하지 마세요.
	냉방 지수	40	냉방하지 않아도 돼요.
	불쾌지수	80	마음을 너그럽게 가지세요.

단어장
- 나들이
- 세차
- 냉방
- 습도
- 쾌적하다
- 절반

이야기해 봅시다

- 오늘 날씨에 맞는 생활 지수표를 만들어서 이야기해 보십시오.

9과 듣기

• 여러분은 오늘의 일기예보를 들었습니까? 오늘의 날씨는 어떻습니까?

27

◉ 다음을 듣고 물음에 답하십시오.

1. 들은 내용을 정리해 봅시다.

지역	날씨 정보
부산	
대구	
제주도	

2. 들은 내용과 같은 것을 고르십시오. (　　)

① 부산은 오늘과 달리 내일은 비가 올 것이다.

② 대구는 맑겠으나 자외선이 강할 것으로 예상된다.

③ 제주도는 태풍의 영향으로 천둥, 번개가 칠 것이다.

④ 태풍은 속도가 빨라 내일 북부지방까지 북상할 것이다.

이야기해 봅시다

• 다음 지도에 날씨 그림을 넣고 일기예보를 해 봅시다.

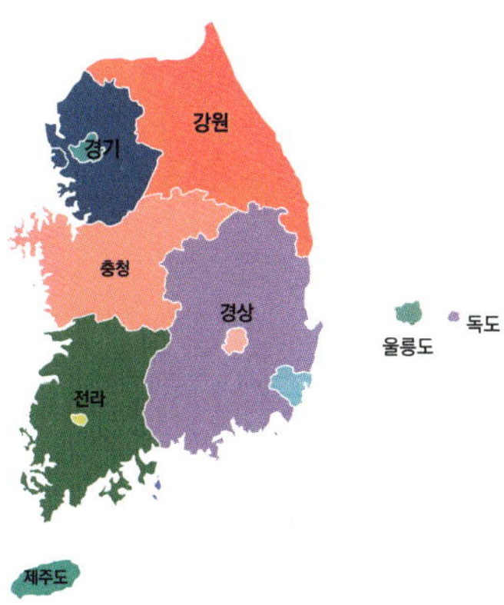

도시 이름	
날씨	-겠습니다
최저기온	-℃입니다
최고기온	-℃입니다
주의사항	-기 바랍니다

단어장

천둥
번개
동반하다
강우량
침수(되다)
대체로
북상하다
예상(되다)

• 계절별 날씨의 특징에 대해 이야기해 봅시다.

◉ 다음 글을 읽고 물음에 답하십시오.

계절별 특징에 맞는 건강관리

한국에는 봄, 여름, 가을, 겨울, 사계절이 있다. 최근 들어 봄과 가을이 짧아지고 여름과 겨울이 길어졌지만 대체로 사계절이 뚜렷한 편이다. 따라서 계절에 맞는 건강관리가 필요하다.

환절기인 봄은 심한 일교차로 인해 감기에 걸리기 쉽고 건조해진 날씨와 황사로 인해 알레르기 질환이 심해질 수도 있다. 그러므로 봄에는 물을 많이 마시고 황사가 있을 때에는 마스크를 착용하고 외출하는 것이 좋다.

여름에는 날씨가 덥고 습도가 높다. 그리고 자외선이 강하므로 산이나 바다에 갈 때는 긴 소매 옷을 준비하고 모자를 쓰는 것이 좋다. 특히 비가 많이 오는 장마 기간에는 식중독에 걸리거나 배탈이 나기 쉽기 때문에 음식을 조심해서 먹어야 하고 물은 반드시 끓여 마셔야 한다.

무더위가 끝나고 가을이 되면 날씨가 선선해진다. 가을은 사람들이 생활하기에 좋은 계절이다. 그런데 일교차가 크기 때문에 체온 유지에 주의해야 한다. 카디건 등을 가지고 다니면서 필요할 때마다 입는 것이 좋다.

겨울에는 북쪽에서 불어오는 찬바람으로 인해 날씨가 춥다. 사람들은 추위를 피해 밀폐된 실내에서 생활을 많이 하기 때문에 감기에 걸리기 쉽다. 그래서 환기를 자주 해 주는 것이 건강관리에 도움이 된다. 그리고 빙판에서 넘어지는 사고가 많이 일어나므로 조심해야 한다.

이렇게 계절별로 건강관리에 신경을 써야 할 것이 많다. 운동을 적당히 하고 규칙적으로 생활하는 습관이 필요하다. 그리고 필요에 따라 알맞은 음식을 먹는 것도 건강 유지에 도움이 된다.

단어장

- 뚜렷하다
- 환절기
- 알레르기 질환
- 착용하다
- 자외선
- 소매
- 무더위
- 선선하다
- 카디건
- 밀폐되다
- 환기(하다)

1. 각 문단의 내용을 정리해 보십시오.

문단	주요 내용		세부 내용
1	한국의 사계절		
2	계절별 특징 및 건강 관리	봄	
3		여름	
4		가을	
5		겨울	
6	마무리		

2. 위 글의 내용과 같은 것을 고르십시오. (　　)

① 봄에는 날씨가 습하므로 알레르기 질환이 심해진다.

② 여름에는 날씨가 무덥기 때문에 체온 유지를 위해 짧은 옷을 입어야 한다.

③ 가을에는 낮과 밤의 기온 차가 크므로 카디건을 가지고 다니는 것이 좋다.

④ 겨울에는 날씨가 춥고 찬바람이 불기 때문에 실내 생활을 하는 것이 좋다.

단어장

이야기해 봅시다

- 여러분 나라에서의 계절별 날씨와 계절별로 해야 하는 건강관리에 대해 친구와 대화해 보십시오.

계절	건강관리

9과 쓰기

◉ 여러분 나라에서의 계절에 따른 건강관리 방법에 대해 정리하여 써 보십시오.

<table>
<tr><td>처음</td><td>계절 소개</td><td colspan="3"></td></tr>
<tr><td rowspan="5">가운데</td><td rowspan="5">계절별 특징
및
건강관리</td><td>계절</td><td>특징</td><td>건강관리법</td></tr>
<tr><td></td><td></td><td></td></tr>
<tr><td></td><td></td><td></td></tr>
<tr><td></td><td></td><td></td></tr>
<tr><td></td><td></td><td></td></tr>
<tr><td>끝</td><td>마무리</td><td colspan="3"></td></tr>
</table>

쓰기 길잡이

계절별 특징	-은/는 -다는 특징이 있다 -의 특징은 -다는 것이다
건강관리법	건강을 유지하기 위해서는 아/어야 한다 / -는 것이 좋다 -는 것이 건강관리에 도움이 된다

▶ 위의 글을 원고지에 써 보십시오.

속담

원숭이도 나무에서 떨어질 때가 있다	잘하는 사람도 실수할 때가 있다는 말

가 : 피아노 연주회 잘 보고 왔어?
나 : 아주 좋았는데 중간에 실수가 한 번 있었어.
가 : 유명한 피아니스트도 실수를 하는구나.
나 : 원숭이도 나무에서 떨어진다고 누구나 실수를 할 수 있지.

10과 기억에 남는 여행을 하고 싶어요.

한라산 백록담

성산 일출봉

만장굴

성읍민속마을

학습목표

| **대화** 여행 계획
| **읽고 말하기** 테마 여행

| **듣기** 오지 탐험
| **읽기** 제주도 여행기
| **쓰기** 여행 후기

| **문법과 표현1** –(으)ㄹ 텐데
| **문법과 표현2** –아/어도

| **속담**
호랑이도 제 말하면 온다

대화 여행 계획

28

제임스 : 송영 씨, 지금 뭘 그렇게 열심히 해요? 불러도 대답도 없고…….

송 영 : 아, 제임스 씨, 못 들었어요. 제가 지금 제주도 여행 가는 것 때문에 렌터카를 예약 중이거든요.

제임스 : 제주도요? 언제 가려고요?

송 영 : 이번 주말에 갈 거예요. 제임스 씨는 제주도에 가 본 적 있죠?

제임스 : 네. 작년에 갔다 왔어요.
제주도는 관광할 데가 많은데 혹시 생각해 둔 곳이 있어요?

송 영 : 한라산 백록담이 절경이라고 해서 한번 가 보고 싶어요.

제임스 : 근데, 주말에 전국적으로 눈이 많이 온다고 했어요. 눈이 많이 오면 한라산은 등산하기가 힘들 텐데…….

송 영 : 봄이 되면 많이 바쁠 거라서 힘들어도 이번에 가려고요.
제임스 씨는 한라산에 올라가 봤어요?

제임스 : 저는 등산을 싫어해서 올레길을 걸었어요.
올레길도 좋으니까 시간이 되면 한번 가 보세요.

송 영 : 네. 그럴게요. 여행 계획 세우다가 모르는 거 있으면 물어볼게요.

단어장
렌터카
절경
해돋이
용암 동굴

이야기해 봅시다

• 다음의 내용으로 위의 **대화**처럼 친구와 대화해 보십시오.

장소	가고 싶은 이유	걱정
한라산	백록담이 절경이다	눈이 많이 오면 등산하기가 힘들다
성산 일출봉	해돋이 장소로 유명하다	아침에 일찍 일어나기가 힘들다
만장굴	세계에서 가장 긴 용암 동굴이다	길어서 걷기가 힘들다

–(으)ㄹ 텐데

추측할 때 사용한다.
※ 희망을 말할 때는 '–(으)면 좋을 텐데'를 사용한다.

예 문

제임스 : 방학 때 일본에 여행 간다면서요?
송 영 : 네. 친구들과 같이 가기로 했어요.
제임스 : 그때는 성수기라서 비행기 표가 비쌀 텐데요.
송 영 : 그래서 지난달에 예매해 두었어요.

연 습

1. 가 : 수업 시간에 맞춰서 도착할 수 있을까요?
   나 : 출근 시간이라서 ______________________
2. 가 : 어제 꾸언 씨가 이사하다가 팔을 다쳤다면서요?
   나 : 네. 팔을 다쳐서 ______________________
3. 가 : 민지 씨에게 같이 밥 먹자고 전화해 볼까요?
   나 : 민지 씨는 벌써 ______________________
4. 가 : 공원에서 산책하다가 강아지를 잃어버렸어요.
   나 : ______________________

말해 봅시다

예 문 과 같이 대화해 보십시오.

장소(교통수단)	추측	준비
일본(비행기)	성수기라서 비행기 표가 비싸다	지난달에 예매하다
고향(고속버스)	명절 연휴라서 길이 막히다	새벽에 출발하기로 하다
러시아(배)	배를 오래 타면 뱃멀미를 하다	멀미약을 사 두다

단어장
성수기
시간에 맞추다
뱃멀미

-아/어도

앞의 일과 뒤의 일이 관계가 없음을 말할 때 사용한다.
※ '-더라도'

예문

민 지 : 제임스 씨, 점심 먹었어요?
제임스 : 아니요. 너무 바빠서 아직 못 먹었어요.
민 지 : 아무리 바빠도 식사는 해야지요.
제임스 : 저도 그러려고 하는데 잘 안 되네요.

연습

1. 가 : 오늘 정말 일하기 싫네. 출근하지 말까?
   나 : 안 돼. 아무리 ________________ 출근은 해야지.
2. 가 : 수영을 2년이나 배웠다면서요?
   나 : 네. 그런데 ________________
3. 가 : 또 아기 사진을 보고 있어요?
   나 : ________________
4. 가 : 어젯밤에는 너무 더워서 잠을 못 잤어요.
   나 : 그렇죠? ________________

단어장
반납(하다)
귀찮다

말해 봅시다

예문 과 같이 대화해 보십시오.

상황	못 하는 이유	해야 하는 일
점심을 먹다	너무 바쁘다	식사하다
운동을 하다	피곤하다	건강 관리를 하다
책을 반납하다	귀찮다	반납 일을 지키다

29

여행이 달라지고 있다. 세계적으로 유명한 관광지를 짧은 시간에 많이 둘러보는 여행은 이제 그만! 이제는 '테마 여행'이 뜨고 있다. 테마 여행은 정해진 주제에 따라 계획을 세워서 하는 여행을 말한다. 즉, 지역이 아니라 음식이나 문화, 예술, 취미 등 특정 주제를 계획해서 하는 여행의 한 형태이다.

아이와 함께하는 그림 여행

책에서만 봤던 유명한 그림을 직접 관람할 수 있는 기회. 부모와 아이가 함께 여행을 하면서 세계적으로 유명한 그림에 대해 배울 수 있다.

요리사와 떠나는 음식 여행

한국인의 입맛에 맞는 세계 각지의 음식을 현지에서 먹어볼 수 있는 기회. 맛있는 음식을 먹으면서 요리사에게 음식에 대한 설명도 들을 수 있다.

소설가와 떠나는 문학 여행

소설의 배경이 되는 장소를 직접 둘러볼 수 있는 특별한 기회. 그 곳에 대한 설명을 소설가에게 직접 들으면서 소설 속 이야기를 더 잘 이해할 수 있게 된다.

단어장

둘러보다
뜨다
주제
예술
특정
기회
현지
소설
배경
관심을 끌다

이야기해 봅시다

- 최근에 생겼거나 사람들의 관심을 끌고 있는 테마 여행에 대해 친구와 대화해 보십시오.

10과 듣기

• 사람들이 모르는 곳을 여행하는 사람들에 대해 들어본 적이 있습니까?

30

◉ 다음을 듣고 물음에 답하십시오.

1. 들은 내용을 정리해 보십시오.

오지 탐험의 정의	
오지 탐험으로 얻을 수 있는 것	
오지 탐험을 위해 준비해야 할 것	

2. 들은 내용과 같은 것을 고르십시오. (　　)

① 남자는 다음 탐험 계획에 대해 소개하고 있다.
② 남자는 친구 때문에 오지 탐험을 시작하게 되었다.
③ 남자는 오지 탐험을 하기 위해 대학을 포기하였다.
④ 남자는 오지 탐험은 특별한 사람만 할 수 있다고 생각한다.

단어장

오지
탐험(하다)

이야기해 봅시다

• 여러분이 여행하고 싶은 곳에 대해 친구와 대화해 보십시오.

여행하고 싶은 곳	이유

10과 읽기

• 여러분은 기억에 남는 여행이 있습니까?

◉ 다음 글을 읽고 물음에 답하십시오.

나의 제주도 여행기

나는 8월 마지막 주에 2박 3일 일정으로 제주도 여행을 다녀왔다. 제주도가 예전에는 한국의 대표적인 신혼여행지라고 들었는데 이번에 처음으로 여행하게 되어 가슴이 두근거렸다.

비행기로 출발한 지 1시간 정도가 지나 드디어 제주도 땅을 밟았다. 구름 한 점 없이 맑은 하늘과 푸른 야자수를 보니 기분이 좋았다. 먼저 '만장굴'이라는 동굴로 갔다. 만장굴은 화산 폭발 때 생긴 동굴인데 용암 동굴 중 세계에서 가장 길다고 한다. 나는 그곳에서 자연의 위대함을 느꼈다. 그 다음 '성읍 민속 마을'로 갔다. 그곳에서는 제주도의 돌하르방, 돌담 집 등을 볼 수 있는데 외국인이라도 제주도 사람들의 옛날 생활 모습을 잘 알 수 있게 만들어 놓았다.

다음날 아침 일찍 '성산 일출봉'으로 갔다. 이곳은 해돋이 장소로 유명한데 바다 위로 떠오르는 붉은 해의 모습은 잊을 수 없는 광경이었다. 해돋이를 보고 내려와 근처 식당에서 제주도의 별미인 옥돔으로 아침 식사를 했다. 오후에는 '한라산'으로 갔다. 한라산은 높이 1,950m로 남한에서 가장 높은 산이다. 꼭대기에는 '백록담'이라는 큰 호수가 있다. 높은 산꼭대기에 큰 호수가 있다는 것이 신기했다.

마지막 날에는 아침을 먹고 친구들에게 줄 선물을 사러 갔다. 제주도 특산물인 귤로 만든 초콜릿과 다양한 기념품을 샀는데 선물을 받고 좋아할 친구들을 생각하니 기분이 좋았다.

제주도는 참 아름답고 매력적인 곳이었다. 다음에는 가족들과 꼭 다시 가야겠다. 아직 못 가 본 친구들이 있으면 정말 추천하고 싶은 곳이다.

단어장

- 여행기
- 두근거리다
- 야자수
- 위대(하다)
- 광경
- 별미
- 산꼭대기

1. 각 문단의 내용을 정리해 보십시오.

<table>
<tr><th>문단</th><th>주요 내용</th><th colspan="2">세부 내용</th></tr>
<tr><td rowspan="2">1</td><td rowspan="2">여행 가기 전</td><td>여행 일정</td><td></td></tr>
<tr><td>기분</td><td></td></tr>
<tr><td rowspan="2">2</td><td rowspan="2">여행 1일차</td><td rowspan="2">본 것</td><td></td></tr>
<tr><td></td></tr>
<tr><td rowspan="3">3</td><td rowspan="3">여행 2일차</td><td rowspan="2">본 것</td><td></td></tr>
<tr><td></td></tr>
<tr><td>먹은 것</td><td></td></tr>
<tr><td>4</td><td>여행 3일차</td><td colspan="2"></td></tr>
<tr><td>5</td><td>마무리</td><td colspan="2"></td></tr>
</table>

2. '만장굴'을 보고 느낀 점은 무엇입니까?

____

3. 위의 내용과 같은 것을 고르십시오. (　　)

① 만장굴은 세계 최장의 용암 동굴이다.
② 성산 일출봉 꼭대기에는 큰 호수가 있다.
③ 제주도는 요즘 한국의 신혼여행지로 뜨고 있다.
④ 민속 마을은 외국인이 이해하기는 조금 어렵다.

단어장
최장

이야기해 봅시다

- 여행을 다녀온 경험에 대해 친구와 대화해 보십시오.

◉ 여행을 다녀온 경험에 대해 써 보십시오.

처음	여행 장소 및 일정	
	준비 / 기분	
가운데	한 것	
	본 것	
	먹은 것	
끝	마무리	

▶ 위의 글을 원고지에 써 보십시오.

속담

호랑이도 제 말하면 온다	어떤 사람에 대해 이야기를 하면 그 사람이 온다는 말

가 : 모두 왔지요?

나 : 잠깐만요. 동우 씨가 아직 안 왔어요.

가 : 또 동우 씨예요? 동우 씨는 항상 늦는 것 같아요.

나 : 호랑이도 제 말하면 온다고 저기 오네요.

11과 도움이 필요할 때 연락하세요.

학습목표

| 대화 도난 신고
| 읽고 말하기 긴급신고전화

| 듣기 달빛어린이병원
| 읽기 경찰관들의 아름다운 이야기
| 쓰기 미담

| 문법과 표현1 -는 대신(에)
| 문법과 표현2 -(으)ㄹ수록

| 속담
가는 말이 고와야 오는 말이 곱다

11과 대화 도난 신고

31

꾸 언 : 송영 씨, 어제 여행 갔다 왔다고 들었는데 여행지에서 무슨 일 있었어요? 표정이 어두워 보여요.
송 영 : 여행은 잘 다녀왔는데 집에 오니까 도둑이 들었더라고요.
꾸 언 : 놀랐겠어요. 뭐 없어진 거 없어요?
송 영 : 제 노트북이랑 현금이 없어졌어요.
꾸 언 : 어, 경찰에 신고는 했어요?
송 영 : 조금 전에 경찰이 와서 집안을 살펴보고 갔어요.
꾸 언 : 경찰이 뭐라고 했어요?
송 영 : 도난 신고가 접수되었으니까 연락을 기다리라고 했어요. 그리고 집 근처의 CCTV도 확인한다고 했어요.
꾸 언 : 그럼, 금방 찾을 수 있을 거예요. 너무 걱정하지 마세요.
송 영 : 그런데 지금도 생각할수록 너무 무서워요.
꾸 언 : 일단, 따뜻한 차라도 마시면서 안정을 취하는 것이 좋겠어요.
송 영 : 네. 그럴게요. 신경써 줘서 고마워요.

단어장
도난(당하다)
도둑이 들다
안정을 취하다
보석함
목격자
번호판
조회하다

이야기해 봅시다

• 다음의 내용으로 위의 **대화**처럼 친구와 대화해 보십시오.

도난을 알게 된 때	도난 물품	경찰의 업무
여행을 다녀온 후	노트북, 현금	집 근처의 CCTV를 확인하다
고향에 다녀온 후	보석함, 카메라	목격자를 찾다
출장을 다녀온 후	오토바이, 자전거	번호판을 조회하다

-는 대신(에)

'어떤 일에 대한 보상으로'라는 것을 표현할 때 사용한다.

예 문

민　지 : 이번에 옮긴 회사는 어때요?
제임스 : 우리 회사는 주말이 더 바빠요.
　　　　그래서 주말에도 출근해요.
민　지 : 주말까지 일하면 힘들지 않아요?
제임스 : 주말에 일을 하는 대신에 주중에 이틀 쉴 수 있어요.

연 습

1. 가 : 이번에 이사한 집은 어때요?
   나 : ________________________________
2. 가 : 어제 생일 파티 하느라고 돈을 많이 썼지요?
   나 : ________________________________
3. 가 : 오지 여행이 많이 힘들다면서요?
   나 : ________________________________
4. 가 : 제임스 씨는 취미 생활에 돈을 많이 쓰네요.
   나 : ________________________________

말해 봅시다

예 문 과 같이 대화해 보십시오.

상황	보상
주말이 더 바쁘다 / 주말에 출근하다	주중에 이틀 쉬다
월급이 적다 / 저축을 많이 못 하다	쉬는 날이 많다
야근이 많다 / 개인 시간이 없다	보너스가 많다

단어장
저축하다
보너스

-(으)ㄹ수록

'점점 더'라는 의미를 표현할 때 사용한다.
※'-(으)면 -(으)ㄹ수록'의 형태로 많이 사용한다.

예문

동 우 : 출출한데 뭐 좀 먹을까요?
제임스 : 그럼 순대 먹을래요?
동 우 : 제임스 씨 순대 안 좋아했잖아요.
제임스 : 그랬는데 먹을수록 맛있어요.

연습

1. 가 : 저 사람 정말 매력있죠?
   나 : 네. ______________________ 엉뚱해서 매력 있어요.
2. 가 : 떡볶이 만들 건데 맵게 할까요?
   나 : 네. ______________________
3. 가 : 이 책 정말 감동적이죠?
   나 : 맞아요. ______________________
4. 가 : 아직도 그 지갑을 가지고 다녀요?
   나 : 이 지갑은 ______________________

단어장
- 출출하다
- 순대
- 매력
- 엉뚱하다
- 통쾌하다

말해 봅시다

예문 과 같이 대화해 보십시오.

상황	제안	변화
출출하다	순대를 먹다	맛있다
날씨가 좋다	축구를 하다	재미있다
심심하다	액션 영화를 보다	통쾌하다

11과 읽고 말하기 긴급신고전화

32

긴급한 상황에서 도움을 받을 수 있는 전화번호는 무엇일까? 대부분의 사람들은 위급한 일이 생겼을 때 어떻게 해야 할지 몰라 당황한다. 그럴 때는 침착하게 '긴급신고전화'로 전화를 하면 도움을 받을 수 있다.

집에 도둑이 들었거나 아이를 잃어버렸을 때, 혹은 교통사고가 났을 때는 112번으로 신고하면 된다. 혹시 전화하기 힘든 상황이라면 112번으로 문자를 보내도 즉시 신고가 접수된다.

불이 났거나 급한 환자가 생겼을 때에는 119번으로 신고하면 소방차나 구급차가 온다. 지진이나 홍수 등으로 인해 위험에 처했을 때에도 119번으로 신고를 하면 도움을 받을 수 있다. 뿐만 아니라 늦은 시간이나 공휴일에 이용할 수 있는 병원과 약국의 정보, 그리고 환자나 보호자가 직접 할 수 있는 응급처치 방법도 알려 준다.

그 외 수도나 전기 등 각종 생활 안내는 110번으로 전화하면 도움을 받을 수 있다. 긴급한 상황이나 생활에 불편한 사항이 있을 때는 혼자 고민하지 말고 이러한 긴급신고전화를 이용해 보자.

이야기해 봅시다

- 다음의 상황에서 어떻게 신고해야 할지 친구와 대화해 보십시오.

상황1	상황2	상황3
교통사고를 내고 도망치는 사람을 봤다.	길을 가다가 갑자기 앞에 가던 사람이 쓰러졌다.	집에 갑자기 물이 안 나온다.

단어장

긴급하다
위급하다
당황하다
침착하다
구급차
위험에 처하다
보호자
응급처치
도망치다

11과 듣기

• 여러분은 야간이나 휴일에 갑자기 아플 때 어떻게 합니까?

33

◉ 다음을 듣고 물음에 답하십시오.

1. 들은 내용을 정리해 보십시오.

운영 시간	
편리한 점	

2. 들은 내용과 다른 것을 고르십시오. (　　)

① 응급실은 달빛어린이병원보다 병원비가 싼 편이다.
② 달빛어린이병원의 근처 약국에서 약을 지을 수 있다.
③ 달빛어린이병원에는 언제나 아이를 위한 전문의가 있다.
④ 달빛어린이병원은 평일 오후 7시에 진료를 받을 수 있다.

단어장
야간
관계자
생소하다
운영하다
소아
응급실
전문의
안심하다

이야기해 봅시다

• 야간이나 휴일에도 문을 열었으면 하는 기관이 있으면 친구와 대화해 보십시오.

• 여러분 나라에 경찰관들과 관련된 미담이 있습니까?

◉ 다음 글을 읽고 물음에 답하십시오.

따뜻한 자전거

지난달 부산의 한 경찰서에 자전거 절도 사건이 접수되었다.

경찰에 따르면 초등학교 2학년인 이 군은 부산의 한 초등학교 운동장에서 자전거를 훔쳐 달아났다. 한 시간 후 경찰은 주변 CCTV를 확인하고 집 근처에서 자전거를 타고 있던 이 군을 붙잡았다. 이 군은 경찰 조사에서 '집이 가난해서 자전거를 살 수 없었는데 친구들이 자전거를 타는 모습이 너무 부러웠다'면서 '운동장에 놓여 있던 자전거를 보면 볼수록 타고 싶어서 가져갔다'고 이야기했다. 그리고 이 군은 다시는 훔치지 않겠다며 반성의 눈물을 흘렸다.

경찰관들은 이 군을 집으로 돌려보내고 반성문을 쓰게 했다. 피해자가 처벌을 원하지 않고 이 군이 미성년자일 뿐만 아니라 깊이 반성하고 있었기 때문이다. 사건은 정리되었지만 경찰관들은 이 군이 안타까워서 어린이날에 이 군에게 자전거를 선물했다. 자전거 비용은 경찰관 20명이 조금씩 모았다. 이 군은 자전거를 선물로 받은 대신에 일주일에 한 번 경찰서에서 봉사 활동을 하겠다고 했다. 이 소식을 듣고 한 방송사에서 경찰서에 인터뷰를 요청했지만 경찰관들은 "별로 한 일도 없는데……."라며 인터뷰를 거절했다.

이 이야기가 시민들에게도 전해져서 추운 겨울, 사람들의 마음을 따뜻하게 하고 있다.

단어장
- 절도
- 훔치다
- 달아나다
- 붙잡다
- 피해자
- 처벌(하다)
- 미성년자
- 안타깝다
- 요청하다

1. 각 문단의 내용을 정리해 보십시오.

문단	주요 내용	세부 내용
1	사건 소개	
2	사건 내용	
3	미담	
4	마무리	

2. 위의 내용과 같은 것을 고르십시오. (　　)

① 이 군은 경찰서 앞에서 자전거를 훔쳐 도망갔다.
② 피해자는 자전거를 돌려받자마자 처벌을 요구했다.
③ 어린이날을 맞아 경찰관들이 이 군에게 선물을 하였다.
④ 방송국에서 이 군에게 자전거를 사 준 후 인터뷰하였다.

단어장

이야기해 봅시다

- 여러분 나라에서 있었던 미담을 정리하고 친구에게 소개해 보십시오.

언제	
어디서	
어떤 내용	

◉ 여러분이 알고 있는 미담을 써 보십시오.

처음	미담 소개		
가운데	미담 내용	언제	
		어디서	
		어떤 내용	
끝	마무리 (느낀점)		

▶ 위의 글을 원고지에 써 보십시오.

11과 속담

속담

가는 말이 고와야 오는 말이 곱다	자기가 남에게 말이나 행동을 좋게 해야 남도 자기에게 좋게 한다는 말

가 : 오빠, 큰일 났어. 이번 시험 완전히 망쳤어.

나 : 어이쿠, 이 바보야. 그러니까 미리 공부 좀 하지.

가 : 뭐? 내 일은 신경 쓰지 말고 오빠나 잘해.

나 : 너 지금 오빠한테 무슨 말을 그렇게 하니?

가 : 오빠가 먼저 바보라고 했잖아. 가는 말이 고와야 오는 말이 곱다는 말도 몰라?

12과 커피를 마시고 나면 찌꺼기를 활용하세요!

학습목표

| **대화** 생활의 지혜
| **읽고 말하기** 백화점 이용 팁

| **듣기** 알뜰 데이트
| **읽기** 재사용 방법
| **쓰기** 생활의 지혜

| **문법과 표현 1** -고 나면
| **문법과 표현 2** -(으)ㄹ까 봐

| **속담**
돌다리도 두드려 보고 건넌다

34

기무라 : 송영 씨, 지금 뭐 하세요?

송 영 : 커피 마시는 중이에요.

기무라 : 어, 근데 이 찌꺼기는 뭐예요?

송 영 : 아, 이거요? 커피 찌꺼긴데요, 원두커피는 마시고 나면 그 찌꺼기를 재활용할 수 있거든요.

기무라 : 그래요? 어디에 쓸 수 있는데요?

송 영 : 우선 나쁜 냄새를 없애는 데 쓸 수 있어요. 냉장고와 화장실에 두면 냄새도 덜 나고 습기도 없어져요. 기무라 씨도 한번 사용해 보세요.

기무라 : 아, 그래서 사람들이 자동차 안에 커피 찌꺼기를 두는 거였군요.

송 영 : 네. 그리고 목욕할 때 사용하면 피부도 부드러워지고 피로가 풀린대요. 또 얼굴을 하얗게 해 주기 때문에 커피 찌꺼기를 물에 타서 세수하면 좋아요. 저도 이걸로 세수해요.

기무라 : 와, 정말요? 커피 찌꺼기가 이렇게 많은 데에 쓰일 줄은 몰랐는데요. 송영 씨 덕분에 생활에 유익한 정보를 얻었네요.

단어장

찌꺼기
원두커피
재활용하다
부드럽다
(물에) 타다
유익하다
김이 빠지다
물때
제거하다
얼룩

이야기해 봅시다

• 다음의 내용으로 위의 **대화**처럼 친구와 대화해 보십시오.

재료	재활용 방법 및 효과	
커피 찌꺼기	나쁜 냄새를 없애다	피부가 부드러워지고 피로가 풀리다
김이 빠진 콜라	욕실의 물때를 제거하다	주방 기름때를 없애 주다
유통기한이 지난 우유	목욕할 때 사용하면 피부가 하얘지다	얼룩을 제거해 주다

-고 나면

어떤 일이 끝나고 나서 그 결과가 나타날 것을 가정할 때 사용한다.

예문

민 지 : 송영 씨, 딸꾹질을 계속 하네요. 괜찮아요?
송 영 : 많이 힘들어요.
민 지 : 물을 좀 마셔 보세요. 물을 마시고 나면 딸꾹질이 멈출 거예요.
송 영 : 그래요? 그럼 물 좀 마시고 올게요.

연습

1. 가 : 날씨가 더워도 따뜻한 커피를 마시네요?
   나 : ______________________________
2. 가 : 스트레스 쌓여 죽겠어요.
   나 : ______________________ 스트레스가 풀릴 거예요.
3. 가 : 어제 친구와 다퉈서 기분이 안 좋아요.
   나 : ______________________ 괜찮아질 거예요.
4. 가 : 결혼하고 나서 안 좋은 점도 있어요?
   나 : ______________________________

말해 봅시다

예문 과 같이 대화해 보십시오.

상황	조언
딸꾹질을 계속 하다	물을 마시다 / 딸꾹질이 멈추다
코가 자주 막히다	코 세척을 하다 / 시원해지다
눈이 붓다	얼음 찜질을 하다 / 부기가 가라앉다

단어장
딸꾹질
다투다
(코가) 막히다
세척하다
부기
가라앉다

-(으)ㄹ까 봐

어떤 일이 생길 것 같아 걱정할 때, 또는 걱정하는 일 때문에 준비할 때 사용한다.

예문

송　영 : 거제도로 여행을 간다면서요?
제임스 : 네. 근데 주말에 날씨가 안 좋을까 봐 걱정이에요.
송　영 : 그럼 우산과 비옷을 미리 준비해 두세요.
제임스 : 그래야겠어요.

연습

1. 가 : 꾸언 씨, 옷을 왜 이렇게 많이 입고 왔어요?
   나 : 날이 갑자기 추워져서 ______________________ 따뜻하게 입었어요.
2. 가 : ______________________________________ 걱정이에요.
   나 : 왜요? 휴대폰으로 드라마를 많이 봤어요?
   가 : 아니요. 게임을 많이 했거든요.
3. 가 : 우리 캠핑 갈 때 필요한 거 적어 뒀어?
   나 : 그럼. ______________________________________
   가 : 나도 좀 가르쳐 줘.
4. 가 : 식탁 위에 둔 우유 못 봤어요?
   나 : ________________________________ 냉장고에 넣어 뒀어요.
   가 : 내가 마시려고 꺼내 둔 건데.

단어장
꺼내다
축가
떨리다

말해 봅시다

예문 과 같이 대화해 보십시오.

소문	걱정	조언
거제도로 여행을 가다	날씨가 안 좋다	우산과 비옷을 미리 준비해 두다
부산대학교에 입학하다	학교생활에 적응을 못 하다	동아리 활동을 하다
친구 결혼식에서 축가를 부르다	축가를 부를 때 떨리다	선글라스를 끼고 노래하다

읽고 말하기 백화점 이용 팁

35

백화점은 물건이 다양하고 많아서 '백화점'이라고 한다. 쇼핑의 재미를 느끼기 위해 백화점을 똑똑하게 즐기는 방법을 알아보자.

• 방문 시간을 달리 하자!

화장품을 사려면 비교적 사람이 적은 오전이 좋다. 오전에는 비싼 화장품을 사지 않아도 무료 메이크업이나 뷰티 정보 등을 받을 수 있고 원하는 종류의 샘플 화장품도 얻을 수 있다. 대규모 할인 행사 때는 가능하면 행사 첫날, 오전에 가는 것이 좋다. 첫날에 상품의 종류가 많고 인기 상품의 사이즈도 다양하기 때문이다.

• 회원 가입하고 할인 쿠폰 받자!

백화점을 이용하기 전에 백화점 회원 가입을 하는 게 좋다. 회원이 되고 나면 상품을 구매할 때마다 포인트가 쌓이고 모아 둔 포인트를 현금처럼 사용할 수 있다. 또한 백화점에서 발행하는 쿠폰북도 받을 수 있다. 쿠폰북에는 다양한 할인 쿠폰과 고객에게 특별한 혜택을 제공하는 정보가 들어 있다.

• 폐점 시간에 식품 코너에서 한 끼를 해결하자!

백화점 폐점 2~3시간 전에 식품 코너에 가면 가격이 부담스러웠던 음식을 특가로 살 수 있다. 때로는 덤도 받을 수 있다. 특히 퇴근길 쇼핑이라면 저녁에 무엇을 먹을지 고민하지 말고 백화점 식품 코너에 들러 보자. 시간도 절약하고 알뜰한 가격에 맛있는 한 끼를 즐길 수 있다.

단어장

달리
메이크업
뷰티
샘플
대규모
쿠폰
포인트
발행하다
폐점(하다)
코너
끼
특가
때로
덤
알뜰하다

이야기해 봅시다

• 여러분이 자주 가는 곳을 똑똑하게 이용하는 방법을 이야기해 보십시오.

12과 듣기

• 여러분은 어떤 데이트를 주로 합니까?

36

◉ 다음을 듣고 물음에 답하십시오.

1. 들은 내용을 정리해 보십시오.

알뜰 데이트 방법	

2. 들은 내용과 다른 것을 고르십시오. (　　)

① 진수는 여자 친구와 자주 데이트를 한다.
② 소피아는 진수의 데이트 방법에 대해 관심을 가지고 있다.
③ 진수는 데이트 비용을 줄이기 위해 통장을 만들려고 한다.
④ 소피아는 남자 친구를 만날 때 알뜰하게 데이트를 하고 싶어 한다.

단어장
금액
부담되다
(돈이) 남다
조조

이야기해 봅시다

• 여러분이 알고 있는 알뜰한 모임 방법에 대해 친구와 대화해 보십시오.

• 여러분이 알고 있는 유용한 생활의 지혜가 있습니까?

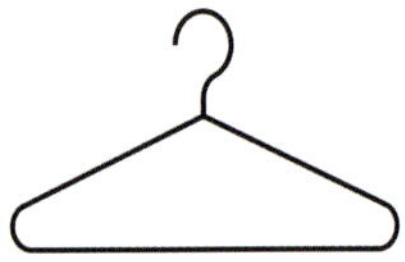

◉ 다음 글을 읽고 물음에 답하십시오.

구멍 난 스타킹, 그냥 버리지 마세요!

예쁜 다리를 만들어 주고 보온 효과도 있는 스타킹, 여러 번 신고 싶지만 한두 번만 신어도 쉽게 구멍이 나서 더 이상 신지 못 하고 버릴 때가 많다. 하지만 이런 스타킹도 조금만 아이디어를 내면 훌륭하게 재사용할 수 있다.

우선 구멍 난 스타킹은 청소할 때 유용하게 쓸 수 있다. 평소 침대나 소파 밑, 가구 사이는 청소하기 힘든 곳이다. 그러나 옷걸이에 스타킹을 싸서 청소하면 좁은 틈새의 먼지도 제거할 수 있다. 그리고 평소에 비누를 사용하다가 작아지면 쓰기가 불편할 때가 많다. 그래서 조금 더 쓸 수 있는데도 버리는 경우가 종종 있다. 이럴 때 스타킹을 사용할 수 있다. 스타킹에 비누 조각을 여러 개 모아 넣으면 비누를 끝까지 알뜰하게 쓸 수 있다. 마지막으로 세탁할 때 세탁망으로도 활용할 수 있다. 스타킹 속에 속옷을 넣고 빨래를 하면 세탁망에 넣은 것처럼 옷감을 보호해 준다. 특히 아기 옷이나 장난감 등을 세탁할 때 유용하다.

우리 생활 속에는 구멍 난 스타킹처럼 다양하게 재사용할 수 있는 물건들이 많다. 이렇게 물건을 재사용하는 습관을 길러 돈도 절약하고 환경도 보호하자.

단어장

유용하다
구멍이 나다
보온
아이디어
훌륭하다
싸다
틈새
먼지
비누 조각
세탁망
옷감
장난감
습관을 기르다

1. 각 문단의 내용을 정리해 보십시오.

문단	주요 내용	세부 내용
1	도입	
2	스타킹의 재사용법	
3	마무리	

2. 위 글은 어떤 종류의 글입니까? (　　)
   ① 스타킹의 장단점을 설명하는 글
   ② 여러 종류의 스타킹을 소개하는 글
   ③ 스타킹의 다양한 활용법을 알려 주는 글
   ④ 물건을 쉽게 버리는 습관을 비판하는 글

3. 위 글의 내용과 같은 것을 고르십시오. (　　)
   ① 스타킹은 여러 번 신으면 보온 효과가 떨어진다.
   ② 틈새에 있는 먼지는 스타킹을 사용해도 닦기 힘들다.
   ③ 아기 옷과 스타킹은 세탁기에 함께 넣어 빨면 안 된다.
   ④ 작아진 비누들을 모아서 스타킹에 넣으면 쓰기 편하다.

단어장
비판하다
(옷을) 빨다

이야기해 봅시다

- 자주 사용하는 물건 중에서 유용하게 활용하는 방법을 찾아 친구에게 알려 주십시오.

◉ 여러분이 알고 있는 생활의 지혜를 써 보십시오.

처음	물건	
가운데	활용 방법	
끝	마무리	

▶ 위의 글을 원고지에 써 보십시오.

12과 속담

속담

돌다리도 두드려 보고 건넌다	잘 아는 일도 확인해 봐야 한다는 말

가 : 여권이랑 비행기표 가방에 넣었니?

나 : 당연하지요. 어제 다 준비해 두었어요.

가 : 돌다리도 두드려 보고 건넌다는 말도 있잖아. 다시 한번 확인해 봐.

나 : 아! 여권이 없어요. 지금 바로 가지고 올게요.

13과 환불하고 싶어요.

학습목표

| 대화 환불
| 읽고 말하기 소비자피해보상규정

| 듣기 제품 문의
| 읽기 똑똑한 소비자가 되는 방법
| 쓰기 인터넷쇼핑의 환불 현황과 원인

| 문법과 표현 1 -더라고요
| 문법과 표현 2 -다 보니(까)

| 속담
윗물이 맑아야 아랫물이 맑다

13과 대화 환불

37

점 원 : 어서 오세요. 어떤 물건을 찾으세요?

손 님 : 저, 사흘 전에 여기서 구두를 샀는데 집에 가서 보니까 가죽이 좀 벗겨져 있더라고요.

점 원 : 좀 보여 주시겠어요? 아, 그러네요. 죄송합니다.
그런데 이 구두는 행사 상품이라서 이제 없습니다.

손 님 : 그럼 다른 구두를 한번 볼게요.

점 원 : 네. 그러세요.

(잠시 후)

손 님 : 마음에 드는 구두는 다 굽이 높네요. 제가 굽이 낮은 구두만 신다 보니 굽이 높은 구두는 너무 불편하거든요. 환불해야겠어요.

점 원 : 네. 알겠습니다. 지난번에 현금으로 구입하셨어요? 카드로 구입하셨어요?

손 님 : 현금으로요. 아, 여기 영수증 있어요.

점 원 : 네. 환불해 드리겠습니다.

단어장
가죽(이) 벗겨지다
영수증
흠집(이) 나다
얼룩(이) 지다

이야기해 봅시다

• 다음의 내용으로 위의 **대화**처럼 친구와 대화해 보십시오.

물건	문제점	환불 이유
구두	가죽이 벗겨져 있다	마음에 드는 구두는 다 굽이 높다
가방	흠집이 나 있다	마음에 드는 색깔이 없다
티셔츠	얼룩이 져 있다	마음에 드는 디자인이 없다

-더라고요

과거에 경험한 것을 회상하면서 그 말을 확인하거나 깨달은 것을 나타낼 때 사용한다.

예 문

기무라 : 아침부터 실수를 해서 정말 부끄러웠어요.
왕 붕 : 왜요? 무슨 일 있었어요?
기무라 : 친구를 뒤에서 안았는데 알고 보니 모르는 사람이더라고요.
왕 붕 : 그래서 어떻게 했어요?
기무라 : 미안하다고 열 번쯤 사과했어요.

연 습

1. 가 : 옷이 너무 얇지 않아요? 요즘 날씨가 많이 추운데…….
   나 : 아침저녁에는 추워도 ____________________
2. 가 : 단풍 구경은 잘 갔다 왔어요? 어땠어요?
   나 : 생각보다 ____________________
3. 가 : 커피 찌꺼기를 왜 이렇게 많이 얻어 가요?
   나 : ____________________
4. 가 : 이 옷 예쁘다면서 왜 환불하려고 해요?
   나 : ____________________

말해 봅시다

예 문 과 같이 대화해 보십시오.

실수	행동
친구를 뒤에서 안다 / 모르는 사람이다	미안하다고 열 번쯤 사과하다
화장실에 급하게 들어가다 / 여자 화장실이다	고개를 숙이고 나오다
목이 말라서 물을 마시다 / 소주이다	바로 토하다

단어장
사과하다
목이 마르다
고개를 숙이다

-다 보니(까)

어떤 일을 계속 하다가 나도 모르게 어떤 결과가 생겼을 때 사용한다.

예문

제임스 : 이 음식은 뭐예요?
소피아 : 이거 제가 만든 음식인데 한번 먹어보세요.
제임스 : 와, 정말 맛있네요. 원래 요리를 잘했어요?
소피아 : 오랫동안 혼자 살다 보니 요리를 잘하게 된 것 같아요.

연습

1. 가 : 여기 있던 과자가 다 어디 갔어요?
   나 : 맛있어서 계속 ______________ 다 먹어 버렸네요. 미안해요.
2. 가 : 왜 그 사람과 결혼하게 되었어요?
   나 : ______________________________
3. 가 : 어떻게 그렇게 연예인을 많이 알아요?
   나 : ______________________________
4. 가 : 신발장에 운동화가 정말 많네요.
   나 : ______________________________

단어장
틈나다

말해 봅시다

예문 과 같이 대화해 보십시오.

권유	잘하게 된 이유
내가 만든 음식을 먹다	오랫동안 혼자 살다
내가 만든 가방을 메다	틈날 때마다 만들다
내가 작곡한 노래를 듣다	작곡가인 언니를 따라다니다

읽고 말하기 소비자피해보상규정

38

소비자피해보상규정이란 소비자가 구입한 물건에 대해 불만이 있을 때 판매자가 그것을 보상할 수 있게 만든 규정을 말한다. 규정에는 보상할 때 걸리는 기간과 교환 및 환불 조건에 관한 내용이 들어 있다.

소비자는 물건을 사기 전에 반드시 환불에 관해 확인해야 한다. 교환만 가능한지, 환불도 가능한지, 환불 가능 기간은 언제까지인지 등을 확인하고 물건을 구입하는 것이 좋다. 모든 상점은 물건을 팔 때 영수증을 발급해야 하며 소비자가 환불이나 교환을 요구할 때 영수증을 가지고 있으면 규정에 따라 환불을 해 주어야 한다.

환불 가능 기간은 보통 3일 이내, 일주일 이내 등으로 정해져 있다. 백화점은 14일 이내 환불을 원칙으로 하고 있지만 작은 상점들은 환불 기간이 짧은 편이다. 그래서 환불이 필요한 경우에는 가능하면 빨리 물건을 구입한 상점에서 환불을 하는 것이 좋다.

단어장

소비자
보상(하다)
규정
불만
판매자
발급하다
이내
원칙

이야기해 봅시다

- 물건을 교환 또는 환불한 경험에 대해 친구와 대화해 보십시오.

13과 듣기

• 여러분은 홈쇼핑을 이용한 적이 있습니까? 교환이나 환불이 안 되는 경우가 있었습니까?

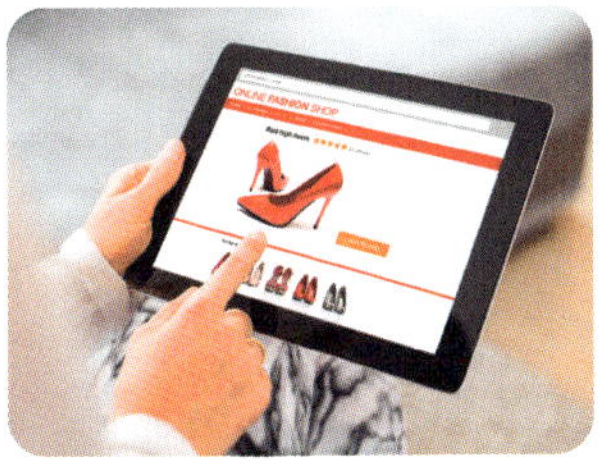

39

◉ 다음을 듣고 물음에 답하십시오.

1. 들은 내용을 정리해 보십시오.

교환, 반품이 가능한 경우	
교환, 반품이 불가능한 경우	
방송 중 주문 혜택	

2. 들은 내용과 같은 것을 고르십시오. (　　)

① 남자는 가방을 교환하고 싶어서 전화했다.

② 무이자 할부는 홈쇼핑 방송 후에도 가능하다.

③ 남자는 이틀 전에 홈쇼핑에서 가방을 주문했다.

④ 구입한 제품에 이상이 있을 때는 반품 배송료가 없다.

단어장

넘치다
오염
배송료
하자
반품(하다)
단순
변심
부담하다
무이자
할부
처리하다
혜택

이야기해 봅시다

• 친구와 함께 홈쇼핑 직원과 손님이 되어 사고 싶은 물건에 대해 문의해 보십시오.

13과 읽기

• 다음과 같은 경우에 여러분은 어떻게 하겠습니까?

지난 주말에 인터넷으로 영화표를 예매했는데 급한 일이 생겨서 영화 시작 10분 전에 취소를 했습니다. 영화가 아직 시작되지 않았기 때문에 제가 낸 돈을 전부 받을 수 있을 거라고 생각했는데…….

저는 3개월 전에 제주도를 여행하려고 호텔을 예약했어요. 그런데 당일에 갑자기 회사에 일이 생겨서 제주도에 못 가게 되었어요. 그래서 호텔에 문의했는데…….

저는 지난주부터 영어 학원에서 영어를 배우고 있습니다. 그런데 회사에 합격했다는 연락이 왔습니다. 회사에 적응하는 동안 학원 수업을 듣기가 힘들 것 같아 수강을 취소하려고 하는데…….

◉ 다음 글을 읽고 물음에 답하십시오.

환불? 어렵지 않다

소비자는 제품을 다양한 방법으로 구입한다. 그러나 여러 가지 이유로 교환이나 환불을 받을 경우가 생긴다. 그러나 가끔 판매자가 환불을 못 해 준다고 하는 경우가 있다. 이러한 경우 '한국소비자원'에 문의하면 되는데 그때는 '소비자피해보상규정'을 따른다.

이 규정에 따르면 영화는 영화 시작 20분 전까지 예매를 취소하면 돈을 모두 돌려받을 수 있다. 또, 영화가 시작되기 전 20분부터 시작 시간까지는 50%를 환불받을 수 있다. 그러나 영화가 시작되면 환불 금액이 없다.

호텔의 경우 평일에는 예약일 2일 전까지 취소하면 계약금의 전액을 환불받을 수 있다. 하지만 1일 전에 취소하면 계약금의 10%를 뺀 나머지 금액을 환불받을 수 있다. 당일에 취소하면 20%를 빼고 돌려받는다.

학원 수강료를 환불받을 때는 총 수강 기간의 1/3이 지나기 전에는 수강료의 2/3를 환불받을 수 있다. 그리고 총 수강 기간의 1/2까지는 수강료의 절반을 환불받을 수 있다. 총 수강 기간의 1/2이 지나면 환불받을 수 없다.

똑똑한 소비자가 되는 방법은 어렵지 않다. 소비자피해보상규정에 대해 정확히 알아서 우리 모두 똑똑한 소비자가 되어 보자.

단어장

- 전부
- 당일
- 수강(하다)
- 돌려받다
- 계약금
- 전액
- 빼다
- 나머지

1. 각 문단의 내용을 정리해 보십시오.

문단	주요 내용	세부 내용
1	소비자 피해보상규정이 필요한 때	판매자가 환불을 못해 준다고 하는 경우 '한국소비자원'에 문의하면 된다.
2	영화표 환불 규정	
3	호텔 환불 규정	
4	수강료 환불 규정	
5	마무리	소비자피해보상규정에 대해 정확히 알면 똑똑한 소비자가 될 수 있다.

2. 위의 내용과 같은 것을 고르십시오. (　　)

① 영화가 시작된 경우에도 일부 금액을 환불받을 수 있다.
② 호텔 계약금을 전액 환불받으려면 이틀 전까지 취소해야 한다.
③ 어떤 경우라도 판매자는 소비자에게 전액 환불을 해 줘야 한다.
④ 학원 수강료는 취소 시기와 상관없이 남은 기간만큼 환불받을 수 있다.

단어장
시기

이야기해 봅시다

• 여러분 나라의 환불 규정에는 어떤 것이 있습니까? 찾아서 소개해 보십시오.

13과 쓰기

◉ 다음 자료를 참고하여 인터넷 쇼핑의 환불 현황과 원인을 설명하는 글을 써 보십시오.

■ 조사 기관 : 국민권익위원회
■ 조사 내용 : 인터넷 쇼핑의 환불 현황과 원인

인터넷 쇼핑의 환불 현황		인터넷 쇼핑의 환불 원인
▸ 2021년 전체 주문 상품 중 16.7% ⇓ ▸ 2024년 전체 주문 상품 중 32.5%	➡	1. 제품이나 배송에 문제가 있어서 2. 광고에서 본 물건과 달라서 3. 마음이 바뀌어서

처음	
가운데	

▶ 위의 글을 원고지에 써 보십시오.

속담

윗물이 맑아야 아랫물이 맑다	윗사람이 잘해야 아랫사람도 잘한다는 말

가 : 오늘이 엄마 생신인데 축하한다고 말씀드렸니?

나 : 깜빡 잊었어요. 그런데 아빠도 할머니 생신에 전화 안 드리잖아요?

가 : 뭐? 그런 건 왜 따라 하니?

나 : 윗물이 맑아야 아랫물이 맑다는 속담도 모르세요?

14과 같이 가입하는 게 어때요?

학습목표

| **대화** 프로그램에 대해 문의하기
| **읽고 말하기** 동아리 가입하기

| **듣기** 체육관 문의
| **읽기** 추천 동호회
| **쓰기** 만들고 싶은 동호회

| **문법과 표현1** -(으)ㄹ 정도
| **문법과 표현2** -도록

| **속담**
믿는 도끼에 발등 찍힌다

40

꾸 언 : 여보세요. 광고 보고 전화 드렸는데요. 장구 체험 프로그램에 참가할 외국인을 모집한다고 해서요. 시간이 언제죠?

담당자 : 다음 주 토요일 10시부터 12시까지입니다.

꾸 언 : 외국인이면 누구나 참가할 수 있나요?

담당자 : 네. 외국인이면 누구든지 신청할 수 있습니다.

꾸 언 : 그럼, 참가비는요?

담당자 : 무료입니다.

꾸 언 : 무료면 신청자가 많겠네요.

담당자 : 네. 언제나 정원이 꽉 찰 정도입니다.

꾸 언 : 그래요? 그럼 지금 신청해도 되나요?

담당자 : 네. 열다섯 분 정도 여유가 있습니다.

꾸 언 : 어떻게 신청하면 되죠?

담당자 : 홈페이지에서 신청서를 다운로드해서 작성하신 다음에 팩스나 이메일로 보내 주시면 됩니다. 아니면 직접 방문 접수하셔도 되고요. 자세한 내용은 홈페이지에 나와 있으니까 참조하세요.

꾸 언 : 네. 고맙습니다.

이야기해 봅시다

단어장
- 정원
- 꽉
- (인원이) 차다
- 작성하다
- 참조하다
- 지참(하다)

• 다음의 모집 공고를 보고 위의 **대화**처럼 이야기해 보십시오.

도자기 만들기 체험 프로그램 참가자 모집

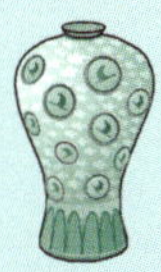

- 일시 : 8월 주말 오전 10시~오후 1시
- 대상 : 대학생(외국 유학생 포함)
- 참가비: 무료
- 신청 방법 : 방문 접수(신분증 지참)
- 문의 : 051-888-6659
- 홈페이지 : www.K-culture.or.kr

태권도 체험 프로그램 참가자 모집

- 일시 : 11월 20일(금) 오후 2시~오후 4시
- 대상 : 외국 유학생
- 참가비: 8,000원
- 신청 방법 : 이메일 또는 팩스
- 문의 : 051-888-6659
- 홈페이지 : www.K-taekwondo.or.kr

-(으)ㄹ 정도

정도를 의미할 때 사용한다.
※ 관용 표현과 함께 자주 사용된다.
예) 머리가 깨지다, 입에 불이 나다, 눈이 부시다, 쥐구멍에 들어가다 등.

예 문

동우 : 노래 대회에 참가한다면서요?
송영 : 네. 다음 주에 대회가 있어요.
동우 : 노래 연습 많이 했어요?
송영 : 그럼요. 목이 쉴 정도로 연습했어요.

연 습

1. 가 : 많이 아파 보이네요.
   나 : 아침부터 머리가 ________________
2. 가 : 어제 발표 잘 했어요?
   나 : 너무 실수를 많이 해서 ________________
3. 가 : 드레스 입은 신부의 모습이 어때요?
   나 : 너무 아름다워서 ________________
4. 가 : 이 식당의 김치 정말 맵죠?
   나 : 네. 너무 매워서 ________________

말해 봅시다

예 문 과 같이 대화해 보십시오.

상황	준비
노래대회에 참가하다	노래 연습을 많이 하다 / 목이 쉬다
토픽 시험을 치다	열심히 공부하다 / 머리에 쥐가 나다
집들이를 하다	음식을 많이 준비하다 / 상다리가 부러지다

단어장
목이 쉬다
머리에 쥐가 나다
상다리가 부러지다

-도록

목적의 의미가 있을 때 사용한다.
※ 시간의 한계를 나타낼 때도 사용한다. 예) 밤새도록

예문

기　자 : 이 안내표지판을 만든 목적이 무엇입니까?
전문가 : 그동안 외국인이 여행할 때 많이 불편했다고 합니다.
그래서 외국인도 쉽게 이해할 수 있도록 만들게 되었습니다.
기　자 : 네. 앞으로는 이 안내표지판 덕분에 외국인도 여행할 때 불편하지 않겠군요.

연습

1. 가 : 여러분, 잘 들리나요?
   나 : 아니요. ______________________ 소리를 키워 주세요.
2. 가 : 약을 발랐지만 여드름이 더 심해졌어요.
   나 : ______________________ 피부과 진료를 받아보세요.
3. 가 : 이 백화점에 어린이 놀이방이 있나요?
   나 : 네. ______________________ 놀이방 시설이 있습니다.
4. 가 : 집들이 음식 많이 준비했어?
   나 : 응. ______________________ 많이 준비했어.

말해 봅시다

예문 과 같이 대화해 보십시오.

새롭게 시도한 일	시도한 이유	목적
안내 표지판을 만들다	외국인이 여행할 때 불편하다	외국인도 쉽게 이해하다
소비자피해보상규정을 만들다	소비자가 피해를 많이 입다	소비자가 피해를 입으면 보상을 받다
외국어 번역 앱을 개발하다	해외여행 시 말이 안 통해서 힘들다	해외여행 시 쉽게 의사소통을 하다

단어장
소리를 키우다
번역 앱
말이 안 통하다

41

손짓 사랑

눈으로 들을 수 있는 목소리가 있습니다. 손으로 사랑을 나눌 수 있습니다. 우리 동아리에서는 손으로 이야기하는 사랑의 목소리를 기다리고 있습니다.

우리 동아리에서 하는 활동은 동아리 이름에서 모두 찾을 수 있습니다. '손짓'은 수화를 가리키고 '사랑'은 봉사를 의미합니다. 우리 동아리에 들어오시면 수화를 배우면서 사랑을 실천할 수 있습니다. 청각언어장애인들이 다른 사람과 잘 어울릴 수 있도록 따뜻한 마음을 나누지 않으시겠습니까?

▶ 주요 활동 : 정기적인 봉사활동 및 수화 공연
매주 금요일 : 부산특수학교 방문
매달 첫째 주 토요일 : 금정 장애인회관 방문
▶ 대상 : 새내기
▶ 모임 일시 : 매주 월, 목 오후 5시
▶ 동아리방 : 학생회관 1층 102호
▶ 연락처 : 010-1234-5678

단어장
- 손짓
- (사랑을) 나누다
- 수화
- 가리키다
- 실천하다
- 청각언어장애인
- 정기적
- 새내기

이야기해 봅시다

- 여러분이 가입하고 싶은 동아리에 대해 친구와 대화해 보십시오.

14과 듣기

• 여러분은 평소에 자주 운동을 합니까?

42 ◉ 다음을 듣고 물음에 답하십시오.

1. 들은 내용을 정리해 보십시오.

경암체육관 프로그램 종류		
헬스	운동 시간	
	등록비	
	운동복	
	운동화	

2. 들은 내용과 다른 것을 고르십시오. (　　)

① 헬스는 오전부터 저녁까지 이용할 수 있다.
② 대학교 직원은 대학생보다 등록비가 비싸다.
③ 운동복과 운동화는 직접 준비해서 가져와야 한다.
④ 체육관에 등록하려면 신분증을 갖고 직접 방문해야 한다.

단어장
일반인
교직원
재학생
동일하다
제공하다
보관함

이야기해 봅시다

• 친구와 함께 체육관 직원과 손님이 되어 대화해 보십시오.

운동 프로그램	프로그램 시간	등록비	준비 사항	궁금한 것

14과 읽기

• 다음은 어떤 동호회입니까? 그림을 보고 이야기해 봅시다.

◉ 다음 글을 읽고 물음에 답하십시오.

동호회 활동으로 일상의 활력소를 찾다!

매일 반복되는 일상에 변화를 주고 싶은가? 직장일로 스트레스를 많이 받는가? 그렇다면 동호회에 가입해 보라. 취미를 갖는 것, 새로운 사람을 만나는 것, 이것은 바쁘게 살아가는 현대인에게 활력소가 될 수 있다.

다양한 맥주를 저렴하게 즐기고 싶다면 맥주 동호회를 추천한다. 맥주 동호회는 회원이 만 명이 넘을 정도로 인기가 있는 동호회이다. 맥주 동호회에서는 회원들이 세계 여러 나라의 맥주를 비교하기도 하고 유명한 맥주 전문점을 직접 찾아 가기도 한다. 그런 후에 가장 우수한 맥주와 맥주 전문점을 뽑는다.

파도를 즐기고 싶은 사람이라면 서핑 동호회를 추천한다. 송정 해수욕장 서핑 동호회는 해마다 회원수가 늘고 있다. 회원은 초등학생부터 성인에 이르기까지 다양하다. 서핑 동호회에서는 회원들에게 매일 서핑하기 좋은 장소와 날씨 정보를 알려 준다. 회원들은 정기적으로 만나 함께 파도를 타면서 서핑의 매력에 푹 빠진다. 서핑 동호회에서는 가끔 서핑 대회에도 참여하며 자신의 서핑 실력을 뽐내기도 한다.

이 외에도 이색 체험을 즐기려고 하는 사람들의 모임도 인기를 끌고 있다. 공포를 즐기고 싶다면 흉가 체험 동호회를, 자신의 참을성을 확인하고 싶다면 인내심 동호회를 추천한다. 앞으로도 이런 다양한 동호회가 많이 생길 것으로 기대된다.

단어장

- 활력소
- 반복되다
- 전문점
- 서핑
- 파도를 타다
- 실력을 뽐내다
- 이색
- 흉가
- 참을성
- 인내심

1. 각 문단의 내용을 정리해 보십시오.

문단	주요 내용	세부 내용
1	도입	
2	맥주 동호회	
3	서핑 동호회	
4	마무리	

2. 위 글의 내용과 같은 것을 고르십시오. (   )

① 일상에 변화가 필요한 사람은 동호회 가입을 줄이는 것이 좋다.
② 맥주 동호회에서는 유명한 맥주 전문점을 찾아가 맥주를 만든다.
③ 서핑 동호회 회원들은 대회에 참가하여 자신의 실력을 자랑한다.
④ 이색 체험 동호회는 너무 흔해서 사람들의 관심에서 멀어지고 있다.

단어장
자랑하다

이야기해 봅시다

- 여러분 나라에는 어떤 이색 동호회가 있습니까? 친구에게 소개해 보십시오.

◉ 만들고 싶은 동아리나 동호회가 있습니까? 써 보십시오.

처음	만들고 싶은 동아리 / 동호회	소개	
		이유	
가운데	동아리 / 동호회에서 하고 싶은 활동	연간 계획	
		월간 계획	
		주간 계획	
끝	마무리		

▶ 위의 글을 원고지에 써 보십시오.

속담

믿는 도끼에 발등 찍힌다	믿고 있던 사람에게 배신을 당한다는 말

가 : 어제 옆집에 도둑이 들었다고 해요.

나 : 나도 들었어요. 도둑이 잡혔대요?

가 : 네. 그런데 그 도둑이 바로 옆집 아저씨 친구라고 해요.

나 : 정말이에요? 믿는 도끼에 발등 찍힌다고 어떻게 그럴 수가 있어요?

15과 한국 사람들의 생각이 궁금해요.

학습목표

| **대화** 연극 공연
| **읽고 말하기** 한국의 속담

| **듣기** 한국 사람들의 생각
| **읽기** 효성스런 호랑이
| **쓰기** 연극 대본

| **문법과 표현 1** -고 말다
| **문법과 표현 2** -(으)ㄹ걸

| **속담**
서당 개 삼 년이면 풍월을 읊는다

15과 대화 연극 공연

43

송　영 : 제임스 씨, 지난주에 왕붕 씨가 출연한 연극 공연에 왜 안 왔어요?

제임스 : 가려고 했는데 갑자기 일이 생겨서 못 갔어요.
근데 공연은 어땠어요?

송　영 : 내용도 좋고 왕붕 씨 연기도 좋았어요.

제임스 : 왕붕 씨가 이번에 첫 주연을 맡았는데 못 가 봐서 아쉽네요.
늦게라도 갈걸 그랬어요.

송　영 : 그럼, 왕붕 씨가 다음 주 일요일에 시민 회관에서 공연을 한다는데 같이 갈래요? 지난번하고 다른 연극이래요.

제임스 : 그래요? 이번엔 무슨 연극인데요?

송　영 : '콩쥐팥쥐'라는 한국의 전래동화예요.

제임스 : 아, 그 이야기 들어 본 적이 있어요. 주인공이 나쁜 새어머니의 구박을 참아 내고 행복해졌다는 이야기 맞죠?

송　영 : 잘 아네요. 어쨌든 이번 공연은 꼭 함께 보러 가요.

제임스 : 좋아요. 이번에는 놓치지 말아야겠어요.

단어장

주연을 맡다
전래동화
새어머니
구박
효성스럽다
짐승

이야기해 봅시다

● 다음의 내용으로 위의 **대화**처럼 친구와 대화해 보십시오.

전래동화	내용
콩쥐팥쥐	주인공이 나쁜 새어머니의 구박을 참아 내고 행복해졌다는 이야기
흥부와 놀부	착한 흥부가 새의 다리를 치료해 주고 부자가 됐다는 이야기
효성스런 호랑이	짐승인 호랑이가 사람보다 더 효성스럽다는 이야기

문법과 표현 1

-고 말다

생각하지 못한 일이나 바라지 않던 일이 일어났을 때 사용한다.

예 문

소피아 : 기무라 씨, 어제 동생 데리러 공항에 잘 갔다왔어요?
기무라 : 아니요. 못 갔어요.
소피아 : 왜요? 며칠 전부터 동생 온다고 좋아했잖아요.
기무라 : 그랬지요. 근데 낮에 피곤해서 잠깐 눈 좀 붙이려고 했는데 저녁까지 자고 말았어요.

연 습

1. 가 : 어제 축구 시합에서 우리 팀이 이겼어요?
   나 : 이길 수 있었는데 아깝게 ________________
2. 가 : 두 사람은 언제 결혼한대요?
   나 : 결혼하려고 했는데 ________________
3. 가 : 가수가 되고 싶다고 부모님께 말씀 드렸어요?
   나 : ________________
4. 가 : 지난번에 담배 끊었다고 하지 않았어요?
   나 : ________________

말해 봅시다

예 문 과 같이 대화해 보십시오.

할 일	의도	예상하지 못한 일
동생 데리러 공항에 갔다 오다	낮에 피곤해서 잠깐 눈 좀 붙이다	저녁까지 자다
언니 결혼식에 참석하다	일찍 가서 도와주다	가는 길에 사고가 나서 늦게 도착하다
부모님 결혼기념일을 챙기다	특별한 이벤트를 해 드리다	아버지가 해외 출장을 가게 돼서 식사만 하다

단어장
눈(을) 붙이다
시합
아깝다
챙기다

문법과 표현 2

–(으)ㄹ걸

후회가 될 때 사용하고 추측할 때도 사용한다.

예문

송 영 : 오늘 우리 동아리 모임 있잖아. 몇 시에 만나기로 했어?
소피아 : 아마 12시일걸. 점심시간이라고 했으니까.
송 영 : 근데 음식이 너무 많은 거 아니야?
소피아 : 그러게. 조금만 준비할걸 그랬어.

연습

1. 가 : 주말이라서 서울 가는 기차표는 다 매진됐대요.
   나 : 정말요? ____________________

2. 가 : 민수 씨 직업이 뭐예요?
   나 : 아마 ____________________. 은행 얘기를 자주 하더라고요.

3. 가 : 홈쇼핑에 반품 신청하러 전화해야겠어.
   나 : 오늘 일요일이라서 ____________________

4. 가 : 식중독에 걸렸다면서요? 어제 뭐 먹었는데요?
   나 : 의사가 회 때문이래요. ____________________

단어장

말해 봅시다

예문 과 같이 대화해 보십시오.

추측	상황	후회
12시 / 점심시간	음식이 너무 많다	조금만 준비하다
6시 / 저녁 먹는 시간	옷이 너무 얇다	더 따뜻하게 입다
부산대 정문 / 항상 만나는 곳	너무 늦다	조금 더 일찍 출발하다

읽고 말하기 한국의 속담

44

속담은 옛날부터 전해 내려오는 쉽고 교훈적인 내용의 말이다. 어느 나라든지 속담이 있는데 속담에는 그 나라의 문화가 담겨있다. 따라서 한국의 속담을 공부하면 한국 사람의 생각과 한국 문화를 이해할 수 있다. 다음은 한국의 속담 중에서 음식과 관련된 속담이다

- **그림의 떡**

아무리 귀하고 좋은 것이 있어도 이용할 수 없을 때 사용하는 속담이다. 예전에는 과자나 간식거리가 많지 않아서 떡이 귀한 음식이었다. 아무리 귀한 음식이라도 그림 속에 있으면 먹을 수 없기 때문에 필요가 없다는 의미이다.

- **식은 죽 먹기**

하기 쉬운 일을 가리킬 때 사용한다. 죽은 소화가 잘 되는 음식이지만 보통 뜨거워서 빨리 먹기 힘들다. 그런데 죽이 식으면 먹기가 훨씬 쉬워진다. 그래서 쉽게 할 수 있는 일이라는 의미이다.

- **수박 겉핥기**

이 속담은 속의 내용은 제대로 알지 못하고 겉만 슬쩍 보아 넘길 때 사용한다. 수박의 껍질만 핥으면 수박의 진짜 맛을 알 수 없다. 따라서 어떤 일을 자세히 살피지 않고 대충한다는 의미이다.

단어장

전하다
담겨있다
귀하다
간식거리
훨씬
핥다
슬쩍
넘기다
대충하다

이야기해 봅시다

- 여러분 나라의 속담 중에서 음식이 들어간 속담을 소개해 보십시오.

속담	사용하는 상황

15과 듣기

• 여러분 나라와 달라서 특이하다고 생각되는 한국 문화가 있습니까?

45

◉ 다음을 듣고 물음에 답하십시오.

1. 들은 내용을 정리해 보십시오.

마이클이 생각하는 한국과 한국 문화	
긍정적으로 생각하는 것	
부정적으로 생각하는 것	

2. 들은 내용과 같은 것을 고르십시오. (　　)

① 마이클은 한국의 식당벨이 불편하다고 생각한다.
② 안나는 한국에 오래 살아서 한국 문화에 적응했다.
③ 안나는 한국에서의 늦은 귀가는 위험하다고 생각한다.
④ 마이클은 한국 지하철에서 늦게 내리는 사람들 때문에 답답했다.

단어장

반하다
벨
기발하다
서두르다
자판기
(뜨거운 물에) 데다
느긋하다
답답하다

이야기해 봅시다

• 여러분의 생각 또는 여러분 나라 사람들의 생각과 한국 사람들의 생각에 차이가 나는 것이 있습니까? 친구와 비교하면서 대화해 보십시오.

15과 읽기

• 다음은 호랑이의 다양한 이미지입니다. 어떻게 다릅니까?

◉ 다음 글을 읽고 물음에 답하십시오.

효성스런 호랑이

옛날 옛날에 한 나무꾼이 산속에서 나무를 베고 있는데 호랑이가 나타나 나무꾼을 잡아먹으려고 했다. 당황한 나무꾼은 무서웠지만 호랑이에게서 살아날 꾀를 생각했다.

나무꾼은 갑자기 호랑이 앞에 엎드리면서 호랑이에게 '형님'이라고 불렀다. 그 말을 들은 호랑이는 사람인 나무꾼이 자기에게 형님이라고 부르는 이유가 궁금해서 물었다. 그러자 나무꾼은 호랑이가 원래는 자신의 형인데 호랑이의 탈을 쓰고 태어났기 때문에 어머니께서 할 수 없이 산속으로 보낸 것이라고 대답했다. 호랑이는 잠깐 생각한 후에 나무꾼에게 어머니의 안부를 물었다. 호랑이는 나무꾼의 말에 속은 것이다. 나무꾼은 어머니가 호랑이를 걱정해서 매일 우느라 건강이 안 좋으시다고 대답했다. 자기 때문에 어머니가 편찮으시다는 말을 들은 호랑이는 나무꾼에게 다음날부터 산짐승을 잡아 집에 갖다 줄 테니 어머니께 고깃국을 끓여 드리라고 말했다.

집으로 돌아온 나무꾼은 어머니께 호랑이 이야기를 했다. 어머니는 나무꾼이 살아 돌아온 것이 다행이라고 생각하고 호랑이의 약속은 신경 쓰지 않았다. 그런데 다음 날 아침에 자고 일어나 보니 마당에 토끼 두 마리가 있었다. 호랑이가 잡아 놓은 산짐승이었다. 그날부터 호랑이는 매일 산짐승을 잡아 마당에 몰래 갖다 놓고 사라졌다. 나무꾼과 어머니는 호랑이가 사람처럼 부모에게 효도를 하는 것이 정말 신기하고 고마웠다.

몇 년 후 어머니께서는 병으로 돌아가셨다. 그러자 호랑이는 어머니 무덤 옆에서 먹지도 자지도 않고 울기만 하다가 끝내 어머니를 따라 죽고 말았다. 나무꾼은 자기의 거짓말을 믿고 진짜 아들처럼 어머니께 효도를 한 호랑이를 형으로 생각하고 어머니의 무덤 옆에 묻어 주었다.

단어장

나무꾼
잡아먹다
꾀
엎드리다
탈을 쓰다
안부를 묻다
속다
산짐승
몰래
효도(하다)
무덤
끝내
묻다

1. 각 문단의 내용을 정리해 보십시오.

문단	주요 내용	세부 내용
1	호랑이의 등장	- 나무꾼이 산에서 나무를 베고 있을 때 호랑이가 나타났다 -
2	나무꾼의 꾀	- 나무꾼은 호랑이에게 - 호랑이는
3	약속 지킨 호랑이	
4	어머니를 따라 죽은 호랑이	

2. 위의 내용과 같은 것을 고르십시오. (　　)

① 나무꾼과 호랑이는 어릴 때 헤어진 형제였다.
② 호랑이는 나무꾼에게 속은 것을 알고 있었다.
③ 호랑이는 어머니를 위해 매일 산짐승을 잡았다.
④ 어머니가 돌아가신 후 호랑이도 병에 걸려 죽었다.

단어장

이야기해 봅시다

- 세 사람이 각각 호랑이, 나무꾼, 어머니가 되어 대화를 만들어서 이야기해 보십시오.

상황1	상황2	상황3	상황4
호랑이의 등장	나무꾼의 꾀	약속 지킨 호랑이	어머니를 따라 죽은 호랑이

◉ '효성스런 호랑이' 이야기를 연극 대본으로 만들어 보십시오.

제　　목 : ____________________

등장인물 : ____________________

장　　소 : ____________________

해　설 : 옛날 옛날에 한 나무꾼이 산속에서 나무를 베고 있는데 호랑이가 나타나 잡아 먹으려고 했습니다.

나무꾼 : (잠시 생각하다가) 아이고, 형님!

호랑이 : 뭐라고?____________________

나무꾼 : ____________________

해　설 : 호랑이는 믿을 수 없다는 표정으로 잠깐 생각했습니다.

호랑이 : ____________________

나무꾼 : ____________________

호랑이 : ____________________

나무꾼 : 네. 형님. 알겠습니다.

해　설 : 나무꾼은 무사히 집으로 돌아와 어머니께 호랑이 이야기를 했습니다.

나무꾼 : ____________________

어머니 : ____________________

나무꾼 : ____________________

어머니 : ____________________

해　설 : 다음날 아침, 자고 일어나 보니 마당에 토끼가 두 마리 있었습니다.

나무꾼 : ____________________

어머니 : ____________________

나무꾼 : ____________________

어머니 : ____________________

해　설 : 몇 년 후, 어머니께서 병으로 돌아가셨습니다.

호랑이 : ____________________

해　설 : 호랑이는 슬퍼 하다가 끝내 어머니를 따라서 죽고 말았습니다.

나무꾼 : ____________________

해　설 : 나무꾼은 호랑이 형님을 어머니의 무덤 옆에 묻어 주었습니다.

속담

서당 개 삼 년이면 풍월을 읊는다	배우지 않아도 오래 보거나 들으면 조금은 할 수 있다는 말

가 : 와! 스페인어도 잘하시네요.

나 : 아니요. 잘하지는 못해요. 룸메이트가 스페인 사람이거든요.
룸메이트랑 같이 생활하다 보니 저절로 좀 알게 된 거예요.
서당 개 삼 년이면 풍월을 읊는다고 간단한 대화만 가능해요.

가 : 그래도 정말 대단해요.

[ㄱ]

[ㄴ]

[ㄷ]

[ㅅ]

[ㅇ]

[ㅈ]

[ㅊ]

1 과

듣기 2. ③ 3. ②

읽기 2. ①

2 과

듣기 2. ①

읽기 2. ④

3 과

듣기 1. 집안일 2. ①

읽기 2. 자녀의 공부 때문에 가족을 다 외국으로 보내고 국내에 혼자 남아있는 아빠이다.
3. ④

4 과

듣기 2. ④

읽기 2. ①

5 과

듣기 1. 눈을 마주쳤는데 모르는 척하는 것이 더 어색하기 때문이다.
2. ②

읽기 2. ③

6 과

듣기 2. ③

읽기 2. ③

7 과

듣기 2. ① 3. ①

읽기 2. ③

8 과

듣기 2. ② 3. ④

읽기 2. ① 3. ④

9 과

듣기 2. ②

읽기 2. ③

10 과

듣기 2. ②

읽기 2. 자연의 위대함 3. ①

11 과

듣기 2. ①

읽기 2. ③

12 과

듣기 2. ③

읽기 2. ③ 3. ④

13 과

듣기 2. ④

읽기 2. ②

14 과

듣기 2. ③

읽기 2. ③

15 과

듣기 2. ②

읽기 2. ③

14p 1과 졸업하고 무슨 일을 하고 싶어요?

듣기 03

기자 : 사회가 변하면서 새로운 직업들이 많이 생겼습니다. 여러분 혹시 게임 시나리오 작가에 대해 들어본 적이 있습니까? 게임 시나리오 작가는 게임의 이야기를 만드는 사람인데 게임을 좋아하는 사람이 많아지면서 관심을 받고 있습니다. 그리고 반려 동물의 미용을 담당하는 동물 미용사는 반려 동물을 키우는 사람들이 늘면서 인기를 끌고 있습니다. 취직하기가 힘든 요즘, 새로운 직업에 도전해 보는 것은 어떨까요? PNU 뉴스 김은주입니다.

왕붕 : 와, 요즘 정말 다양한 직업이 생겼네.
민지 : 왕붕, 너는 어떤 직업에 관심이 있어?
왕붕 : 난 게임 시나리오 작가가 매력적인 것 같아. 더 알아보고 준비해야겠어. 요즘 졸업 후 진로에 대해 고민이 많았거든.
민지 : 그래. 넌 컴퓨터 게임을 좋아하니까 잘 할 것 같아.
왕붕 : 민지야, 너는 꿈이 뭐야?
민지 : 음……. 난 동물을 좋아하니까 동물 미용사가 되고 싶어. 동물 미용사로 일하게 되면 시간적 여유도 많을 것 같아.
왕붕 : 우리 형이 애견숍을 열었거든. 관심 있으면 지금 한번 가 볼래?
민지 : 그래. 좋아. 나도 게임 회사에 다니는 선배를 아는데 소개해 줄게.
왕붕 : 그래. 고마워.

24p 2과 그 뉴스 들었어요?

듣기 06

앵커 : 오늘은 여러분께 따뜻한 미담을 전해 드리겠습니다.
택배 기사의 방문이 일상이 된 요즘, 물건뿐만 아니라 사랑도 배달해 주는 택배 기사가 있다고 합니다. 김태현 기자입니다.

기자 : 부산시 어느 주택가에서 생긴 일입니다. 그날도 택배 기사 이영호 씨는 다른 때와 마찬가지로 바쁘게 물건을 배달하고 있었습니다. 평소에도 홀로 사는 할머니가 살고 있는 행복빌라 4층을 방문할 때면 돌아가신 부모님이 생각나서 배달에 더 신경을 썼다고 합니다. 그날도 택배 기사 이영호 씨는 그 집에 생수통을 배달하러 방문을 하였습니다. 그런데 벨을 누르면 항상 반갑게 문을 열어 주신 할머니께서 그날은 여러 번 벨을 눌렀지만 나오지 않으셨습니다. 처음에는 오늘 배달해야 할 물건이 많아 그냥 집 앞에 두고 가려고 했습니다.
그런데 왠지 이상한 생각이 들어 119에 신고를 했습니다. 신고를 받고 도착한 소방대원이 집 안으로 들어가니까 할머니께서 화장실 앞에 쓰러져 계셨습니다. 그리고 가스불도 켜져 있었습니다.

앵커 : 택배 기사의 관심이 아니었으면 할머니께서 생명을 잃으셨을 뿐만 아니라 화재로 더 큰 피해가 생겼을 것입니다. 누군가의 작은 관심이 큰 사랑이 되어 우리가 사는 세상을 더 따뜻하게 해 줍니다.

34p 3과 가족의 형태는 다양해요.

듣기 09

박재현 : 안나 씨, 피곤해 보이는데 주말에 무슨 일 있었어요?
안 나 : 저희 집은 맞벌이를 해서 주말에 청소와 빨래를 하는데요, 남편은 주말마다 소파에 누워서 꼼짝을 안 해요.
박재현 : 한국 남자들이 집안일을 도와주는 것에 익숙하지 않은 편이죠.
안 나 : 도와준다고요? 왜 집안일을 도와준다고 생각해요? 집안일은 같이 해야 하는 거잖아요.
박재현 : 그게 아니라……. 집안일을 안 해 봐서 어색해 한다고요.
안 나 : 그러니까 왜 어색하냐고요? 같이 맞벌이를 하는데 아내만 집안일을 해야 한다는 말이에요? 재현 씨도 그래요?
박재현 : 저는 어머니께서 바쁘셔서 아버지가 집안일을 주로 하셨어요. 저도 물론 아버지를 도와드렸고요. 부모님께 집안일은 가족이 같이 하는 거라고 배웠어요.
안 나 : 어릴 때의 가정교육이 중요한 거군요. 우리 아들도 지금부터 가르쳐야겠어요.
박재현 : 아들이 지금 세 살 아니에요? 벌써부터요?
안 나 : 세 살 버릇 여든까지 간다는 속담 몰라요?

44p 4과 마치 동굴 같아요.

듣기 12

아주머니 : 왕붕 학생, 물어볼 게 있어요. 두 달 후에 원룸 계약이 끝나는데 연장할지 어떻게 할지 몰라서요.

왕 붕 : 아주머니, 말씀드리려고 했는데…. 계약 끝나면 이사를 가려고 해요.

아주머니 : 아, 그래요?

왕 붕 : 네. 제가 다음 달부터 무역회사에서 일하게 되었는데요. 지금 집과 좀 멀어서 회사 가까운 곳으로 옮기려고요.

아주머니 : 취직했다니 정말 잘 됐네요. 그런데 아쉽네. 그동안 정들었는데…….

왕 붕 : 저도 그래요. 아주머니께서 저에게 참 잘해 주셨는데 저도 많이 아쉬워요. 그리고 집에 햇볕도 잘 들고 조용해서 살기 좋았는데…….

아주머니 : 이사 갈 집은 알아봤어요?

왕 붕 : 좀 알아보기는 했는데요. 지금 집만큼 마음에 드는 집이 없네요. 그 회사 주변집들이 월세가 좀 비싸요.

아주머니 : 그렇군요. 그럼 이사 날짜를 정하면 미리 이야기해 줘요.

왕 붕 : 네. 그럴게요. 그런데 지금 집처럼 싸고 괜찮은 집이 있을지 모르겠어요.

아주머니 : 찾아보면 싸고 좋은 집이 있을 거예요. 아무튼 좋은 집 잘 구해요. 졸업 준비도 잘 하고요.

왕 붕 : 네. 감사합니다.

54p 5과 젓가락 사용법을 배우느라고 힘들었어요.

듣기 15

민 지 : 제임스 씨, 방금 지나간 사람에게 관심 있어요?

제임스 : 네?

민 지 : 제임스 씨가 조금 전에 그 사람에게 윙크를 하는 것 같아서요.

제임스 : 아, 윙크를 한 게 아니라 눈인사를 한 거예요. 그 사람은 모르는 사람이에요.

민 지 : 모르는 사람과도 눈인사를 해요? 한국에서는 모르는 사람과는 눈을 잘 안 마주치거든요.

제임스 : 정말요? 몰랐어요.

민 지 : 저 사람은 제임스 씨가 자기한테 관심이 있다고 생각할 수도 있어요.

제임스 : 저는 눈이 마주쳤는데 모르는 척하는 것이 더 어색하거든요. 그래서 그냥 눈인사를 한 거예요.

민 지 : 우리는 친밀한 관계에서만 눈을 마주 봐요. 대화할 때도 그렇고요. 그런데 조심해야 할 때도 있어요. 특히 야단을 맞을 때는 윗사람의 눈을 똑바로 바라보는 건 예의가 아니에요.

제임스 : 그래요? 우리나라에서는 그럴 때 오히려 더 눈을 보면서 대화해야 하는데…….

민 지 : 그러니까 서로의 문화를 알아야 오해가 없겠네요.

64p 6과 비빔밥 만들어 봤어요?

듣기 18

진행자 : 베트남, 필리핀, 일본 등 14개 나라에서 온 외국인 유학생들의 요리 경연대회가 시작됐습니다. 고추장을 이용해 매콤한 한국의 맛을 살려내는 게 오늘의 과제입니다. 유학생들은 각자 준비한 재료로 요리를 하고 있습니다.
안녕하세요? 지금 요리하는 음식을 소개해 주세요.

꾸 언 : 안녕하세요? 저는 베트남에서 온 꾸언이에요. 저는 라이스페이퍼와 고추장을 이용한 요리를 해 보려고 해요. 오늘 할 요리는 김치를 고추장에 살짝 볶아서 라이스페이퍼에 싸 먹는 음식이에요.

진행자 : 캐나다에서 온 마이클 씨는 고추장으로 양념을 만들고 계시네요.

마이클 : 아, 네. 저는 닭에 고추장 양념을 해서 구울 거예요. 제 음식도 기대해 주세요.

진행자 : 마이클 씨는 고추장 같은 매운 맛을 좋아하세요?

마이클 : 예전에는 매운 음식을 전혀 못 먹었는데 한국에 와서 매운 음식을 잘 먹게 됐어요. 지금은 매운 음식이 없으면 밥을 못 먹어요.

진행자 : 좋은 결과가 있기를 바랍니다. 이제 30분 정도 남았습니다. 남은 시간 동안 최선을 다해 주십시오.

74p 7과 SNS에 푹 빠졌다면서요?

듣기 21

소피아 : 동우, 너 도서관에 와서 하루 종일 휴대폰만 보니? 내일이 시험인데 책도 좀 봐야지!

동 우 : SNS로 친구들 소식을 보면 시간 가는 줄 모르겠어.

소피아 : 또 SNS야? 직접 만나지도 못하는 온라인 친구가 진짜 친구라고 생각해?

동 우 : 당연히 친구지. 언제든지 소통할 수 있으니 얼마나 편하고 좋은 친구야?

소피아 : 가상의 세계에서 만나는 친구는 진실하지 않을 수도 있어.

동 우 : 그렇게 부정적으로만 보지 마. 내 취향에 맞는 친구를 사귈 수 있으니 말도 잘 통하고 빨리 친해져서 좋아. 서로 부담도 없고 말이야.

소피아 : 그렇게 맺은 인간관계가 오래갈 수 있을 거라 생각해?

동 우 : 오래 만난 친구가 꼭 좋은 건 아니잖아. 짧은 시간에 많은 친구를 사귈 수도 있어. 내 SNS 친구가 벌써 200명이 넘었어.

소피아 : 다양하게 인간관계를 맺는 건 좋지만 SNS 친구는 좀 다른 것 같아. 필요하면 친구가 되고 관심이 없어지면 바로 정리해 버리는 인간관계는 좋지 않다고 생각해.

동 우 : 너무 복잡하게 생각할 필요 없어. 서로 시간 낭비할 필요도 없고 상처도 받지 않으니 난 더 효율적이라고 생각하는데.

소피아 : 그럼 넌 계속 휴대폰이나 봐. 난 진실한 인간관계를 위해 친구 생일파티에 간다.

84p 8과 빨리 나아야 할 텐데.

듣기 24

안 나 : 제임스 씨, 요즘 무슨 일 있어요? 요 며칠 얼굴이 어두워 보여요. 무슨 걱정 있는 사람 같아요.

제임스 : 아니에요. 별 일 아니에요. 괜찮아요.

안 나 : 그러지 말고 말해 보세요. 제가 도움이 될지도 모르잖아요.

제임스 : 저, 혹시 은주 씨 알아요?

안 나 : 우리 회사 영업부 은주 씨요?

제임스 : 네. 사실은……. 제가 입사했을 때부터 은주 씨를 쭉 좋아하고 있거든요.

안 나 : 그래요?

제임스 : 그런데 은주 씨만 보면 부끄러워서 아직 말 한 마디 못 해 봤어요.

안 나 : 은주 씨는 적극적인 남자를 좋아한다니까 용기를 내서 말해 보는 게 어때요?

제임스 : 저도 그러고 싶은데 은주 씨는 다른 남자 직원들한테도 인기가 많다고 들었어요. 그리고 은주 씨가 관심 갖는 남자가 있다는 소문이 들려서요.

안 나 : 그래도 용기를 내서 고백해 보세요.

제임스 : 제가 고백하면 은주 씨의 마음이 열릴까요?

안 나 : 예전에 은주 씨도 저한테 제임스 씨에 대해서 물어본 적이 있어요.

제임스 : 그래요? 저에 대해서요?

안 나 : 네. 은주 씨도 제임스 씨한테 관심이 있는 것 같았어요.

제임스 : 정말요? 그럼, 늦기 전에 용기를 내서 전화해 봐야겠네요.

안 나 : 좋은 소식 기다릴게요.

94p 9과 내일의 날씨를 말씀드리겠습니다.

듣기 27

내일의 날씨를 말씀드리겠습니다.

부산은 내일도 비가 내리겠습니다. 오늘부터 이어진 비가 내일도 계속되겠습니다. 특히 내일은 천둥, 번개를 동반한 많은 비가 내릴 것으로 예상됩니다. 예상 강우량은 100~150mm입니다. 침수 피해가 생기지 않게 대비하시기 바랍니다. 다음은 대구입니다. 대구는 대체로 맑겠습니다. 아침 최저 기온은 23℃, 낮 최고 기온은 31℃입니다. 자외선이 강할 것으로 예상되니 외출할 때 주의하시기 바랍니다. 이어서 제주도의 날씨를 말씀드리겠습니다. 어제까지 맑았던 제주도는 오늘 오후 늦게부터 흐리겠습니다. 그리고 저녁부터 태풍의 영향을 받겠습니다. 이번 태풍은 크기는 작으나 속도가 빨라 모레 오전에는 남부지방까지 북상할 것으로 예상됩니다. 피해가 없도록 대비를 하시기 바랍니다. 지금까지 내일의 날씨였습니다.

104p 10과 기억에 남는 여행을 하고 싶어요.

듣기 30

앵 커 : 오늘은 오지 탐험가 우남수 씨를 모시고 오지 여행에 대해 들어보겠습니다.

오랜만에 뵙겠습니다. 이번에는 어디를 여행하고 오셨나요?

탐험가 : 네. 아프리카를 탐험하고 왔습니다.

앵 커 : 그랬군요. 먼저 오지 탐험에 대해 간단하게 소개해 주시겠습니까?

탐험가 : 사람이 쉽게 갈 수 없는 곳을 탐험하는 것을 오지 탐험이라고 합니다.

앵 커 : 그렇게 힘든 곳을 여행하는 이유는 무엇인가요?

탐험가 : 오지를 탐험하면서 예상하지 못한 새로운 것을 경험하게 됩니다. 그런 경험을 통해 제가 살아있다는 것을 느낍니다.

앵 커 : 그런데 어떻게 오지 탐험을 시작하시게 된 거죠?

탐험가 : 처음부터 탐험을 하려고 간 건 아닙니다. 대학 시험에 떨어지고 우울해 하니까 친구가 낯선 곳으로 여행을 가자고 해서 따라갔어요. 그것이 직업이 된 거죠.

앵 커 : 그랬군요. 오지 탐험은 아무나 할 수 없다는 생각이 드는데요, 어떻습니까? 오지 탐험을 하기 위해 준비해야 할 것이 있을까요?

탐험가 : 마음만 있으면 됩니다. 새로운 것을 경험해 보고 싶다는 마음, 불편함을 즐길 수 있는 마음, 이것만 있으면 누구나 가능합니다.

앵 커 : 네. 오늘 나와 주셔서 정말 감사합니다. 다음 탐험도 기대되네요.

탐험가 : 감사합니다.

114p 11과 도움이 필요할 때 연락하세요.

듣기 🎧 33

리포터 : 밤에 갑자기 아이가 아프면 어떻게 하시나요? 야간이나 휴일에도 문을 여는 병원이 있다고 해서 찾아왔습니다. 달빛어린이병원 관계자를 만나 이야기를 나눠 보겠습니다. 안녕하세요?

병원관계자 : 네. 안녕하세요?

리포터 : 달빛어린이병원은 좀 생소한데 어떤 곳입니까?

병원관계자 : 달빛어린이병원은 평일은 오후 6시부터 12시까지, 휴일에는 오전 9시부터 낮 12시까지 운영하는 소아 환자를 위한 의료기관입니다.

리포터 : 야간이나 휴일에는 응급실이 있잖아요? 응급실과는 뭐가 다릅니까?

병원관계자 : 소아과전문의가 항상 있기 때문에 안심하고 진료를 받을 수 있습니다. 특히 아이들은 전문의의 진료가 필요하거든요. 근처에 있는 약국도 함께 문을 여니까 약 걱정도 하실 필요가 없습니다.

리포터 : 아, 그렇군요. 그런데 편리한 대신에 치료비가 비싼 건 아닙니까?

병원관계자 : 아닙니다. 크게 차이가 없습니다. 응급실에 가는 것과 비교하면 오히려 많이 저렴한 편입니다.

리포터 : 좋은 정보 감사합니다. 밤에 갑자기 아이가 아프다면 주변의 달빛어린이병원을 찾아보십시오. 여러분 가까이에 있습니다. 리포터 김은주였습니다.

124p 12과 커피를 마시고 나면 찌꺼기를 활용하세요!

듣기 🎧 36

소피아 : 진수 씨, 여자친구 생기고 나서 요즘 얼굴 보기가 힘드네요.

진 수 : 요즘 방학이라서 거의 매일 만나요.

소피아 : 와, 그럼 데이트 비용도 많이 들겠어요.

진 수 : 네. 그래서 이번에 데이트 통장을 하나 만들었어요.

소피아 : 데이트 통장이요?

진 수 : 여자 친구와 같이 사용하는 통장이에요. 통장에 돈을 얼마씩 넣어 두고 데이트할 때마다 금액을 정해서 써요. 그러면 데이트 비용이 부담될까 봐 걱정하지 않아도 되거든요.

소피아 : 진수 씨 커플이 말로만 듣던 알뜰 데이트족이네요.

진 수 : 우리는 계획을 세워서 꼭 필요할 때만 돈을 쓰고 남은 데이트 비용은 다시 통장에 넣어 둬요.

소피아 : 우리도 돈을 좀 아껴서 써야 할 텐데 잘 안 돼요. 진수 씨에게 좀 배워야겠어요.

진 수 : 생각보다 어렵지 않아요. 데이트할 때 영화 자주 보잖아요. 우리는 보통 조조로 봐요. 영화관에 입장하기 전에 음료수나 간식을 미리 사 가지고 가기도 하고요.

소피아 : 우리는 만나면 돈 생각하지 않고 노느라 데이트 비용이 많이 드는데…….

민 수 : 우리는 공원이나 대학에서 열리는 무료 공연을 많이 관람해요. 무료 미술관이나 박물관도 찾아보면 많고요. 그리고 커피숍 할인 같은 카드 혜택도 놓치지 않아요.

소피아 : 와, 몰랐던 게 많네요. 우리도 진수 씨처럼 알뜰 데이트족에 한번 도전해 봐야겠어요.

134p 13과 환불하고 싶어요.

듣기 39

상담원 : 안녕하세요? 사랑과 행복이 넘치는 PNU 홈쇼핑입니다. 무엇을 도와 드릴까요?

왕 붕 : 지금 방송에 나오고 있는 가방을 주문하고 싶은데요.

상담원 : 네. 감사합니다. 어떤 색으로 주문하시겠습니까?

왕 붕 : 빨간 색으로 주문하려고요. 그런데 상품을 받고 나서 마음에 안 들면 교환이나 반품을 할 수 있어요?

상담원 : 네. 고객님. 교환, 반품 모두 가능합니다. 다만, 흰색 상품의 경우 교환이나 반품이 불가능할 수 있습니다. 또, 고객님의 실수로 생긴 오염이나 훼손 같은 경우에도 안 됩니다.

왕 붕 : 반품할 때 배송료가 있어요?

상담원 : 제품의 하자로 인한 교환이나 반품에는 배송료가 없습니다. 하지만 단순 변심인 경우에는 구매 금액이 5만원이 안 되면 고객님이 배송료를 부담하셔야 됩니다.

왕 붕 : 주문하면 언제쯤 물건을 받을 수 있어요?

상담원 : 하루에서 이틀 정도면 배송됩니다.

왕 붕 : 무이자 할부는 몇 개월까지 가능한가요?

상담원 : 방송 중에 주문하시면 무이자 10개월까지 가능합니다.

왕 붕 : 네. 알겠습니다.

상담원 : 고객님, 더 궁금한 게 있으십니까?

왕 붕 : 아니요. 없습니다.

상담원 : 그럼, 지금 바로 주문 처리 해 드리겠습니다.

144p 14과 같이 가입하는 게 어때요?

듣기 42

직 원 : 네. 대한대학교 경암체육관입니다. 무엇을 도와 드릴까요?

기무라 : 저, 거기에 무슨 운동 프로그램이 있는지 알고 싶은데요.

직 원 : 네. 저희 체육관에는 헬스, 요가, 스쿼시, 골프가 있습니다.

기무라 : 헬스는 시간이 어떻게 돼요?

직 원 : 헬스는 오전 6시부터 저녁 10시까지 원하시는 시간에 오시면 됩니다.

기무라 : 그럼 헬스는 등록비가 얼마예요?

직 원 : 일반인과 교직원은 5만원이고, 재학생이면 한 달에 3만 5천 원입니다.

기무라 : 저는 대한대학교 언어교육원에서 한국어를 공부하는 학생인데 저도 할인을 받을 수 있어요?

직 원 : 네. 대한대학교 재학생과 동일하게 할인을 받을 수 있습니다.

기무라 : 운동복과 운동화는 직접 가져가야 해요?

직 원 : 운동복은 저희 체육관에서 제공해 드립니다. 운동화는 가져오셔야 합니다. 운동화를 보관함에 넣어 두고 다니시려면 보관함 신청서를 작성해서 내시고 보관료도 내셔야 합니다.

기무라 : 보관료는 얼마예요?

직 원 : 한 달에 5,000원입니다.

기무라 : 등록은 지금 전화로 할 수 있어요?

직 원 : 아니요. 신분증을 지참하시고 체육관으로 직접 오셔야 등록하실 수 있습니다.

기무라 : 네. 잘 알겠습니다. 감사합니다.

직 원 : 감사합니다.

154p 15과 한국 사람들의 생각이 궁금해요.

듣기 45

마이클 : 안나 씨, 안녕하세요?

안 나 : 아, 마이클 씨. 곧 귀국한다면서요? 한국 생활은 즐거웠어요?

마이클 : 네. 재미있었어요. 한국은 제가 생각했던 것보다 훨씬 더 안전한 나라인 것 같아요.

안 나 : 맞아요. 저도 가끔 일이 늦게 끝날 때가 있는데 밤늦게 퇴근해도 많이 위험하지 않더라고요.

마이클 : 참, 제가 한국에서 반한 게 있어요.

안 나 : 반한 거요?

마이클 : 식당마다 있는 벨 있잖아요. 주문을 할 때나 서비스를 받을 때 직원을 힘들게 부르지 않아도 돼서 너무 편해요. 미국에 가지고 가고 싶을 정도예요.

안 나 : 아~ 저도 식당 벨은 정말 기발하다고 생각해요.

마이클 : 그런데 한국 사람들은 성격이 많이 급한 거 같아요.

안 나 : 어떤 점에서요? 저는 한국에서 오래 살아서 그런지 잘 모르겠는데요.

마이클 : 지하철을 탈 때 보면 사람들이 다 내리지도 않았는데 서둘러서 타는 사람들이 가끔 있더라고요.

안 나 : 맞아요. 커피 자판기에 불이 꺼지지도 않았는데 미리 손을 넣다가 데기도 하고요.

마이클 : 안나 씨는 이제 그런 문화에 익숙해졌죠?

안 나 : 익숙해진 정도가 아니라 제가 그렇게 하는 걸요. 성격이 느긋한 남편을 보면 답답하기도 하고요.

집필진

조영미 연구책임자
부산대학교 언어교육원 한국어교육 책임강사
부산대학교 일반대학원 한국어교육학 박사

김혜영 연구위원
부산대학교 언어교육원 한국어강사
부산대학교 일반대학원 한국어교육학 박사

김은정 연구위원
부산대학교 언어교육원 한국어강사
부산대학교 일반대학원 외국어로서의 한국어교육 박사수료

김민서 연구위원
부산대학교 언어교육원 한국어강사
가톨릭대학교 일반대학원 한국어교육학 석사

[중급]

친절한 한국어 3

초판 1쇄 발행 2008년 4월 30일
3판 3쇄 발행 2024년 8월 23일

지은이 부산대학교 언어교육원

표지·내지 디자인 배 영 미
내지 편집 박 지 현
일러스트 삽화 박 유 현

펴낸이 최 재 원
펴낸곳 부산대학교 출판부
등록 제카 11-2 1992. 9. 10.
주소 부산광역시 금정구 부산대학로63번길 2
전화 (051) 510-1932, 1933, 1935, 1819
전송 (051) 512-7812
E-mail pnupress@pusan.ac.kr
홈페이지 http://press.pusan.ac.kr

값 19,000원

ISBN 978-89-7316-620-6 14710
ISBN 978-89-7316-600-8 세트